THINKING OUT OF THE BOX

与圣人较真

陈华胜 陈 梵 著

CHEN HUASHENG CHEN FAN

跳出盒子的想法

张 屹 插画

ZHEJIANG UNIVERSITY PRESS
浙江大学出版社

图书在版编目（CIP）数据

与圣人较真 ：跳出盒子的想法 / 陈华胜，陈梵著. — 杭州 ：浙江大学出版社，2017.10
ISBN 978-7-308-17286-8

Ⅰ. ①与… Ⅱ. ①陈… ②陈… Ⅲ. ①先秦哲学—研究 Ⅳ. ① B220.5

中国版本图书馆CIP数据核字(2017)第198762号

与圣人较真：跳出盒子的想法
陈华胜　陈　梵　　著

责任编辑　谢　焕
责任校对　杨利军　闻晓虹
封面设计　城色设计
版式设计　朱婉橙
插　　画　张　屹
出版发行　浙江大学出版社
（杭州市天目山路148号　　邮政编码　310007）
（网址：http://www.zjupress.com）
排　　版　杭州林智广告有限公司
印　　刷　杭州钱江彩色印务有限公司
开　　本　787mm×1092mm　1/32
印　　张　5.875
字　　数　147千
版 印 次　2017年10月第1版　2017年10月第1次印刷
书　　号　ISBN 978-7-308-17286-8
定　　价　28.00元

前言

中国有五千年的文明，那些古圣先贤的智慧真的是『白发三千丈』了。它们带给我们丰富的人生经验，启迪我们思考深邃的人生哲理，但同时也带给我们不少的困惑，鲁迅先生就曾感叹：『中国是古国，历史长了，花样也多，情形复杂，做人也特别难。』，其实，所谓的『难』恐怕更多的是因为时代变了，情形变了，我们的想法也会有变化。从前，读诸子百家的寓言，觉得天经地义，顺理成章；而突然有一天，情况却发生了变化。变是正常的，这个世界一切都是在变化着的，所以我们有这个权利跟两千多年前的圣人来『较较真』。

有些读者可能会对本书的书

名感到疑惑，『跳出盒子的想法』是个什么东西？所谓『thinking out of the box』，意味着不要被已存在的思想模式所禁锢，而要打破常规的思考方式，换一个不同的角度去想问题，这是现在不少西方学者提倡的思维方式。

跳出原有的解读方式，从另一个角度去解说一个故事，是非常有意思的一件事，尤其是当你在对几千年前创立了伟大的知识系统的思想家提出异议时。结合我们当下的思想观念、社会现象，我们其实并不会完全赞同以前的那一套说法。我们要打开思维的盒子，提出新的想法，让创造力、想象力和逻辑都散发开来，牵引着我们的灵魂和思想走向进一步的发展。任何事情都可以有多种解读方式，就像每个人有每个人不同的性格和生活态度，因为出发点的不同和思考角度的不同造就了形形色色的我们和这样一个容纳了万物的大千世界。这也是为什么我认为做人要有共情能力，学会thinking out of the box，并且站在不同的角度多去理解他人不同的想法。

好了，不多说了，希望你们能理解我的不同想法。请打开书本吧——

陈梵

2017年7月于杭州

目录

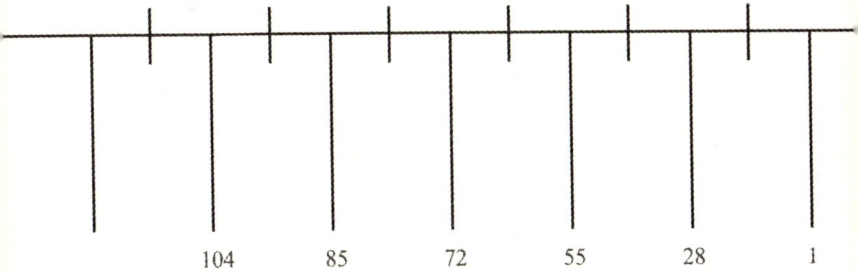

不死之药

《韩非子》

有献不死之药于荆王者，谒者操之以入，中射之士问曰：『可食乎？』曰：『可。』因夺而食之。王大怒，使人杀中射之士，中射之士使人说王曰：『臣问谒者曰可食，臣故食之，是臣无罪，而罪在谒者也。且客献不死之药，臣食之而王杀臣，是死药也，是客欺王也。夫杀无罪之臣，而明人之欺王也，不如释臣。』王乃不杀。

有个人将不死的药献给楚王，他拿着药往楚王的宫里走。宫中一个侍卫问道："可以吃吗？"回答说："可以。"侍卫因此抢过药来吃了。楚王大怒，派人要杀那个宫中侍卫，宫中侍卫让人对楚王说："我问那个献药的人是否可以吃，他说可以，所以我就吃了，因此我应该是没有罪的，有罪也应该是那个献药的人。况且那客人所献的是不死的药，我吃了不死的药而大王却要杀我，那这个药就是死药了，那就是献药的客人欺骗大王啊。杀没有罪的臣子，反而证明了别人对大王的欺骗，不如赦免我放了我吧。"楚王于是没有杀他。

TO KILL OR NOT TO KILL

“

这个侍卫一定是后世东方朔一样的人物，他巧妙地将楚王推进了一个杀也不是、不杀也不是的两难境地。按照他的聪明劲儿，他应该在后世留下个姓名，但他却再也没有什么作为，毕竟只是个无名之辈。他还想有所作为吗？不可能，他毕竟已经得罪了楚王。

他说，楚王如果杀了他，就证明药不是可以让人不死的。那么，最终的结果：楚王不杀他，也是为了证明药可以让人不死——尽管这很愚蠢。但人家在干一件愚蠢的事时，你却表现出特别的机灵劲儿去破坏人家的好兴致，难道真是聪明吗？

所以，让人陷入两难的同时，自己也必然陷入两难。

”

滥竽充数

《韩非子》

齐宣王使人吹竽，必三百人。南郭处士请为吹竽，宣王说之，廪食以数百人。宣王死，湣王立，好一一听之，处士逃。

齐国的宣王让人吹奏竽，必须要三百个乐手一起吹奏。南郭先生请求为齐宣王吹奏竽，宣王很高兴，让他跟其他几百人一块儿由官府供给饮食供养着。宣王死了，湣王即位，他喜欢一个一个逐个儿听乐手的演奏，南郭先生只好逃跑了。

“

南郭处士其实还是太老实啊！当骗子都只能当个半吊子的骗子，最后只好落荒而逃被大家笑话了两千年。若是换了安徒生笔下《皇帝的新装》里的骗子，那就不一样了：你要一个一个听人奏竽是吗？可以，不过我事先声明，我的竽声可是堪比天籁，只有聪明人才能听得到的。然后我就摇头晃尾、鼓腮弄舌地搞一通，你够聪明了吧？你听到了吧？

当然了，被骗的也只能是半吊子的聪明人，那些自以为是的“聪明人”，比如赤膊的皇帝还有齐宣王。齐湣王不知是不是？南郭先生胆子没有洋骗子那么大，没敢试下去。不过，这个世界总归还有一些顶真的老实人，所以，无论是滥竽充数，还是皇帝的新装，最后总要被戳穿，总免不了落荒而逃。《皇帝的新装》里两个骗子最后不也是逃了吗？

”

买椟还珠

《韩非子》

楚人有卖其珠于郑者，为木兰之柜，薰以桂椒，缀以珠玉，饰以玫瑰，辑以翡翠，郑人买其椟而还其珠。

有个在郑国做珠宝生意卖珍珠的楚国人，用上好的木兰树木材做匣子，薰上桂、椒等香料的香味，用珍珠和玉石进行点缀，嵌上玫瑰红色美玉，在匣子的边缝上还镶嵌翡翠，郑国人买他的匣子却把珍珠还给了他。

“

韩非子好像对郑国人有些偏见，无论是这则买椟还珠的寓言还是郑人买履的故事，郑国人都是一副蠢蛋的样子。

郑国人真是愚蠢吗？分不清珍珠和木匣子的价值？从文章中看，这个木匣子做得真是考究，堪称工艺杰作，如果有得买我倒也很想买一个；而那粒珍珠怎么样呢？韩非子没有交代。浙江有个诸暨市，就是吴越争霸时著名美人儿西施的故里，那里现在盛产珍珠。我去过那儿的珍珠市场，其实珍珠也是分几百个档次的，高到上万元一粒，低的只要几毛钱，真所谓良莠不齐。韩非子既然没有讲明楚人所卖的珍珠品相如何，那么，我们怎么就一定能断定郑国人干了件傻事呢？光凭主观经验认为珍珠一定比木椟值钱，对吗？

”

释车而走

《韩非子》

齐景公游少海，传骑从中来谒曰：『婴疾甚，且死，恐公后之。』景公遽起。传骑又至。景公曰：『趋驾烦且之乘，使驺子韩枢御之。』行数百步，以驺为不疾，夺辔代之，御可数百步，以马为不进，尽释车而走。

齐景公在少海游玩的时候，有侍从骑马从城中来报告说：“晏婴病重，快要死了，恐怕您再也见不到他了。”景公急忙起身，这个时候，又有骑马传信的侍从赶到。景公说：“赶快乘千里马驾车出发，让主管韩枢驾车。”跑了几百步，认为主管赶得还不够快，齐景公夺过缰绳代替他驾车，赶了大约几百步，又认为马没有跑步跑得更快，就把车马都丢下而徒步奔跑起来。

爱卿等寡人

“

齐景公的时代当然不会碰上交通拥堵，再说了，即使有交通拥堵，也从来不会让高高在上的人堵在路上，所以后人看了这个故事都批评齐景公遇事不够冷静，丧失了理性。但是，人要是永远那么理性、永远那么冷静，还有感情吗？晏婴对于齐国、对于景公是如此之重要，以至于齐景公听到晏婴将死的消息，一下子六神无主，甚至恨不得脚下长翅膀飞回去看那个濒死的老臣。从这个故事里我们看到的是一个有血有肉的齐景公，没人可以笑话他。

笑话是理性层面的对话，在感情面前，没有谁可以笑话谁。

”

宋人献玉

《韩非子》

宋之鄙人得璞玉而献之子罕，子罕不受。鄙人曰：『此宝也，宜为君子器，不宜为细人用。』子罕曰：『尔以玉为宝，我以不受子玉为宝。』

宋国有个地位低下的人得到一块美玉来献给宋国的国相子罕，子罕不接受。那人就说："这是一个宝物，应该给您这样的君子用，不适合给我这样的平头老百姓用。" 子罕说："你把这块玉当作宝贝，我把不接受你的宝物这种品格当作是宝。"

“

这个故事应该是反腐倡廉的好教材，子罕对献宝者说我的宝贝就是不要你的宝贝，能说这句话真是难能可贵啊。多少贪官都是因为说不出这样的话而身陷囹圄的。但是，我们如果延伸一下阅读，宋人献的美玉在献宝者自己的心目中恐怕也不一定是一个宝。同样的故事在《左传》里有更详尽的记载：子罕拒绝献宝者后，献宝者跪了下来哀告道：“小人怀璧，不可以越乡，纳此以请死也。”——我带着这块美玉，一路上强盗小偷早就眼红地盯着我，我哪里还能平安地回到家乡，把它献给您也是为了让自己免于一死。

宝贝与祸害只在一念间，人生的祸福相倚连韩非子也没有看清楚，所以他最后才会受到李斯的陷害，身死异乡。

”

所长无用

《韩非子》

鲁人身善织屦，妻善织缟。而欲徙于越。

或谓之曰：『子必穷矣！』

鲁人曰：『何也？』

曰：『屦为履之也，而越人跣行；缟为冠之也，而越人被发。以子之所长，游于不用之国，欲使无穷，其可得乎？』

鲁国有一个人很会编织麻鞋，他的妻子很会织生绢。两口子商量着要搬到越国去住。

有人对他们说：“这样你们一定要受穷，一定会没法生活的。”

鲁人不明白，说：“为什么呢？”

那人答道：“做麻鞋是为了给人穿的呀，但是越国人却赤着脚走路；织绢是为了做帽子用的呀，可是越国人却披散着头发，不戴帽子。以你们的专长，投身到不用这些物品的国家里去，想不穷困，怎么可能？”

“

读这则寓言故事的时候，我总在感慨中国的商业为什么在过去两千年中都没有发达起来。

韩非子显然是对那个鲁国人持批评态度的，因为这个韩国的贵族只有政治头脑没有商业头脑，否则他在秦始皇手下就可以做吕不韦第二了。

其实对越国的市场分析报告可以有两种写法：一种是韩非子所写的，越国人根本不戴帽子不穿鞋子，你的产品根本销不动；另一份报告是，越国人至今还戴不上帽子穿不了鞋子，市场整个还是空白，商业拓展正是大有空间、大有作为！

设想一下，那个鲁国人去了越国，先给越王送上一顶漂亮的帽子和一双舒适的鞋子，然后找几个越国的明星做做鞋儿、帽儿的广告。春秋战国时的越国虽说相当闭塞，但毕竟不是海外孤岛游离于世界之外，那个时候虽说没有地球村的概念，但与中原文化的交流还是有一些的。以文化带动商业，不愁越国人不戴帽子不穿鞋子。事实证明，今天我这个生活在古代越国所处之地的人不是一样穿上鞋子戴上帽子了吗？如果真能那样，这个鲁国人定能富可敌国，哪里还会穷困呢？韩非子误人啊！大好商机，一代商业奇才，被他几句话语，毁掉了。

古代中国的商业文明终于没有走出国门，甚至从鲁国走到越国都走不到。

”

徙木立信

《韩非子》

吴起为魏武侯西河之守，秦有小亭临境，吴起欲攻之。不去，则甚害田者；去之，则不足以征甲兵。于是乃倚一车辕于北门之外而令之曰：『有能徙此南门之外者赐之上田上宅。』人莫之徙也，及有徙之者，还，赐之如令。俄又置一石赤菽东门之外而令之曰：『有能徙此于西门之外者赐之如初。』人争徙之。乃下令曰：『明日且攻亭，有能先登者，仕之国大夫，赐之上田宅。』人争趋之，于是攻亭一朝而拔之。

吴起是与孙武齐名的军事家，他曾经担任魏武侯的西河郡守。秦国有个军事哨亭靠近魏境，吴起想攻下它。不除掉这个哨亭吧，魏国人种田都心神不定，对魏国的农业生产构成了很大威胁；要除掉这个小哨亭吧，又不值得为此征集军队。于是吴起就在北门外放置了一根辕木，并发布一道命令：谁能将此木头扛到南门外，就能得到上等田地和住宅的赏赐。老百姓围观甚众，但没有人去搬它。一根辕木并不难搬，但老百姓都以为哪有这等好事，谁也不敢相信。有一个人觉得好玩，站出来说：我来试试。于是他将木头扛到了指定的地方。吴起当即按照命令行了赏。不久，吴起又在东门外放了一担赤豆，并下令说：“谁能把它搬到西门，赏赐如前。”这一回，人们抢着去搬它了。于是吴起又下令道：“明天将攻打哨亭，有能先上去的，任命他做大夫，赏他上等田地住宅。”当第二天对秦国哨亭发起攻击时，人们争先恐后，一个早上就拿下了。

“

吴起的这个实验总让我想起巴甫洛夫“条件反射”的实验，不过，巴甫洛夫驯的是狗，吴起驯的却是人。一直以来，这则故事都被当作令行禁止的佳话，司马迁写《史记·商君列传》时甚至又把这则故事照搬到了商鞅的身上。但是我却要说，众多老百姓起初时“不敢相信”的态度是对的：搬一截木头，轻轻松松就能得到上好的田宅，这法令也太离谱了，毫无道理。

”

卫人教女

《韩非子》

卫人嫁其子而教之曰：『必私积聚，为人妇而出，常也，其成居，幸也。』其子因私积聚，其姑以为多私而出之。其子所以反者倍其所以嫁。其父不自罪于教子非也，而自知其益富。

有个卫国人，女儿出嫁的时候他这样教导女儿："一定要多攒私房钱，女人被休掉是经常的事，白头偕老是侥幸才有的。"他的女儿听了父亲的劝告就暗中积聚钱财。做婆婆的看在眼里，认为她私心太重而休了她。他的女儿果然私房钱攒得可以，离婚回娘家时带回的钱财比原来陪嫁的多了整整一倍。韩非子当然不赞成这种做法，他指责这个父亲教女无方，只知道家里致富，却不顾女儿的幸福。

“

这个故事如果放在今天恐怕是完全不同的版本，关键是女人的地位以及对幸福的理解如今都发生了颠覆性的变化。懂得理财的女人无论在娘家还是夫家都是很受欢迎的，掌握财政大权更是今天女人翻身做主的社会基础，老公要交“公粮”那是天经地义，休妻一说谈都不要谈！即便离了婚，也不能说她一定不幸福了。因为这里有一个问题，那就是如何看待幸福？这就又众说纷芸了。

”

郑人卖猪

《韩非子》

郑县人卖豚，人问其价，曰：『道远日暮，安暇语汝？』

有个郑县的人赶着猪去集市上卖，路上有人问他猪的价钱，他回答说：“天快黑了，离集市还远，怕赶不到那儿误了卖猪，哪里有工夫跟你说话？”

“

读这则寓言的人都会嘲笑这个郑县人铁板钉钉，脑子不开窍。你既然是去卖猪，在集市卖和在路上卖不都一样是卖吗?

哎！还就是不一样！

我想春秋战国那时候恐怕还没有“定点屠宰”、没有“放心肉”这一说，那么从法律上讲，郑县人有权在路上卖掉自己的猪了。但是他不！为什么呢？因为集市是大家公平贸易的场所，如果大家都在路上随意地卖东西了，那么就无所谓集市了。所以，你不要以为这个郑县人不知变通，他其实是守着大原则呢！从某种意义上说，他的严谨作风倒有点像德国人的日耳曼脾气，看似复杂的行为其实是一种简单。

”

纣为象箸

《韩非子》

纣为象箸而箕子怖。以为：『象箸必不加于土铏，必将犀玉之杯。象箸玉杯必不羹菽藿，则必旄象豹胎。旄象豹胎必不衣短褐而食于茅屋之下，则锦衣九重，广室高台。吾畏其卒，故怖其始。』居五年，纣为肉圃，设炮烙，登糟邱，临酒池，纣遂以亡。

商纣王做了一双象牙筷子，他的叔父箕子感到恐惧。箕子认为："象牙筷子肯定不会放在土制的器皿上，必然要用犀牛角和玉做的杯子。用象牙筷子玉杯子不可能去夹豆子豆叶这样的食物了，那么食物也必然是牦牛、大象、豹子幼崽这样的珍馐佳肴。吃牦牛、大象、豹子幼崽这样的珍馐佳肴肯定不会穿粗布短衣在茅屋下用餐，肯定是绫罗绸缎的衣服无数，房子盖得很大、台筑得很高。我担心他的结局，所以害怕他的开始。"过了五年，纣王造了一个堆肉的园圃，设置了炮烙的刑具，登上酒糟堆成的山丘，站在了酒池的边上，过上了穷奢极欲的生活，商朝也在这种穷奢极欲中灭亡了。

“

一个国家领导人用上一双象牙筷子并没有什么了不起的，关键是看它的发展方向和衍生态势能否使一个国家的经济实力承担得起。同样，一个领导者使用权力并没有什么不对的，关键是权力的不加约束是否会产生动摇权力基础的腐败。所以罪恶不在于象牙筷子，不在于权力，而在于无休无止的穷奢极欲，在于权力的无法约束和绝对泛滥。从这层意义上讲，商朝的灭亡是制度的过错而不是商纣王一个人的责任。

”

自相矛盾

《韩非子》

楚人有鬻盾与矛者，誉之曰：『吾盾之坚，莫能陷也。』又誉其矛曰：『吾矛之利，于物无不陷也。』或曰：『以子之矛陷子之盾，何也？』其人弗能应也。

楚国有个卖盾和矛的人，他吹嘘他的盾说：“我的盾坚硬到什么程度啊，没有什么东西可以刺穿。”又赞誉自己的矛说：“我的矛是如此锋利，是没有任何东西刺不穿的。”有人就说了：“用你的矛刺你的盾，会怎么样？”那人无言以对。

“

政治课上学辩证唯物主义，说矛盾是普遍存在的，没有矛盾才是不可思议的。可见我们每个人其实都有自相矛盾的时候，只不过人类的聪明让我们找到了“此一时也彼一时也”的借口，而人类的健忘又让我们忘记了今天的所作所为与昨天的相矛盾处。我们嘲笑那个楚国人，仿佛自己从没有自相矛盾的时候，其实只是我们的健忘而已。至于那个刻薄的家伙要求“以子之矛攻子之盾”，我当然也可以用矛盾的理论来攻击他：他那是片面、孤立、僵化地看待矛盾，只看到了矛盾的斗争性而没有看到矛盾的同一性。楚国人的矛和盾本来就是要配套使用，同属于一个主人的。在战场上谁看到有人用自己的矛攻自己的盾的？——哈哈，怎么样，我的辩证唯物主义学得不错吧？可惜那个卖矛和盾的楚国人没有学过，所以他竟一时语塞，无言以对。

”

画孰最难

《韩非子》

客有为齐王画者。齐王问曰：『画孰最难者？』曰：『犬马最难。』『孰易者？』曰：『鬼魅最易。』夫犬马，人所知也，旦暮罄于前，不可类之，故难；鬼魅，无形者，不罄于前，故易之也。

有个客人给齐王绘画。齐王问他说："画什么东西最难？"客人说："狗和马最难。"王又问："什么东西最容易？"客人说："妖魔鬼怪最容易。"狗和马，是人人所熟知的，早晚出现在眼前，不能画错一点，所以难；妖魔鬼怪，是没有什么形体的，不会出现在人前，所以画起来就容易了。

“

真是这样吗？你以为没人见过妖魔鬼怪，所以你就可以随便乱画。乍听起来，好像是这样的：未知的东西是最容易随意编造的，它由最先定义者的定义而广为人知。但问题是，它也随时可能传出第二种、第三种版本，因为没有人能准确地说出到底是什么。没有人见过鬼怪，因此所有人对于鬼怪的认识都是建立在其他人的说辞之上。如果今天我告诉你，鬼怪和人长得几乎一样，只是没有五官，你对鬼怪的定义就仅限于此，一传十十传百，受大部分人认可的舆论便成为了当下暂时的“事实”；隔天，又有人指出我是错的，鬼怪其实形态各异，那么大家又会分裂成两派，保留着自己心中的“事实”。最终的结果只能是各执一词，谁也不能说服谁。

所以，若你绘出了犬马，可能仅仅得到的是对于画技的质疑；但要让人相信鬼有个确实的形象，比较难！你若绘出了大家都没有见识过的鬼魅，那么被质疑的就不仅仅是画技，还有其真实性。不同意你的观点的人立马就可以指责你是个骗子！皇帝的新装终会被人戳穿——你还敢说画鬼怪真的容易吗？

”

不食盗食

《列子》

东方有人焉，曰爱旌目，将有适也，而饿于道。狐父之盗曰丘，见而下壶餐以餔之。爱旌目三餔而后能视，曰：『子何为者也？』曰：『我狐父之人丘也。』爱旌目曰：『汝非盗邪？胡为而餐我？吾义不食子之食也。』两手据地而欧之，不出，喀喀然遂伏而死。

东方有一个人，名字叫爱旌目，他要到远地去，但在半路上就饿倒了。狐父的一个强盗名丘，看见他快要饿死的样子，便拿来一些汤和饭喂给他吃。爱旌目被喂了几口以后，眼睛才能看得见，他问道："你是做什么的？"答道："我是狐父人，名字叫丘。"爱旌目说："哦！你不是强盗吗？为什么要来给我饭吃呢？我是一个讲信义的人，不吃你们强盗送来的饭！"于是，他便两手按在地上用力呕吐，呕吐不出来，喉咙里咯咯作声地趴在地上死了。

“

何苦来着！爰旌目。

人家虽说是个强盗，但他见你快饿死了，便来救你，说明他良心尚未泯灭。你如果聪明一点，吃了他的饭菜，先保住卿卿小命，然后，有了力气后再因势利导，劝导他改邪归正，岂不是两全其美？

故事里的主人公爰旌目，看似是一个讲信义的英雄烈士，实则，是个不懂得变通，害死自己也“害死”他人的无知的人。

先不说爰旌目他本人了，就这件事对于强盗丘的影响而言，爰旌目就是个不明事理无理取闹的人，像极了当今社会上只看到片面却一副什么都懂的样子去用舆论评议公众人物的市井小民。既为强盗，又为何在看到昏迷的爰旌目以后拿来汤饭救活他，而不是趁火打劫，搜刮将死之人的财物呢？这一切说明丘内心还是有善的一面的，甚至可能有金盆洗手的想法，更甚者，他本身在做的就是劫富济贫，为了正义而盗。然而，在爰旌目这般痛恨他表面身份和拒绝他善意的时候，丘也会不免心灰意冷，失去对好人的向往吧。爰旌目用他自己愚蠢又微不足道的死，带来了另一个善良灵魂的死亡和幻灭。

怪就怪在中国几千年来推崇的竟是这样死板的教条。

其实，春秋先儒倒未见得如此死板。《礼记》上还有一则“嗟来之食”的故事，说的是：齐国闹饥荒，一个叫黔敖的人在路边摆设食品赈济饥民。有一个饥饿的人路过，黔敖对他说：“喂，你来吃吧。”那个饥民瞪着眼看黔敖说：“我正是因为不吃别人带有侮辱性的食物才落到这个地步的呀！”黔敖听说连忙向他道歉。可

”

“

那位仍旧不肯吃他的食物，终至于饿死。曾子听到这件事后说：“何必这样呢！当别人无礼地呼喝着叫你来吃的时候，你应当拒绝；人家既然道了歉，你就应该吃了。”

”

朝三暮四

《列子》

宋有狙公者，爱狙，养之成群，能解狙之意，狙亦得公之心。损其家口，充狙之欲，俄而匮焉。将限其食，恐众狙之不驯于己也，先诳之曰：『与若芧，朝三暮四，足乎？』众狙皆起而怒。俄而曰：『与若芧，朝四暮三，足乎？』众狙皆伏而喜。

宋国有一个养猴的人。他喜爱猴子，养了成群的猴子，而且他能理解猴子的意思，猴子也通他的心意。他甚至节省家人的口粮来满足猴子们的食欲，不久却还是粮食匮乏了。他准备限制猴子们的食量，又恐怕猴子们不听从自己的，于是，他先骗它们说：“给你们的橡果，早晨三个晚上四个，够吗？”所有的猴子都跳起来发怒了。继而他又说：“给你们的橡果，早晨四个晚上三个，够吗？”所有的猴子都趴下了表示开心。

期貨指数
榴果
泰國銀行
Mr. Hou
VISA
肆手現貨

“

这个“朝三暮四”的故事是大家熟知的。猴子们总是因为它们的“猴子式精明”而被人笑话。但是，从现代经济学的角度来看，猴子们的精明却未必没有道理。

早上的食物是先可以得到的，可以算作是“现货”；晚上的食物是要等到晚上才能吃到的，可以算作是“期货”。为了争取现货的权利，所以它们强烈要求早上吃四个，毕竟到手的才是最实在的，养猴者已经粮食告匮，说不定吃了这一顿就没了下顿了，所以早吃多吃总是好的。抓住现实最重要。

”

负暄献曝

《列子》

宋国有田夫，常衣缊黂，仅以过冬。暨春东作，自曝于日，不知天下之有广厦隩室，绵纩狐貉。顾谓其妻曰：『负日之暄，人莫知者，以献吾君，将有重赏。』

宋国有个农夫，经常穿破旧麻衣，就靠这过冬。到了春天开始耕作的时候，他独自晒着太阳，感到很惬意。他不知道天下有大厦豪宅，裘皮锦衣，却突发奇想，对他的老婆说："没有人懂得晒太阳取暖，把这个方法献给我们的君王，肯定会有重赏。"

“

晒太阳会使人暖和，对不对？

如果是对的，那么这个宋国的农夫只不过是陈述了一桩真理而已。陈述真理有那么可笑吗？当然，宋国的农夫也有他可笑的地方，他把一个简单的道理看作人家都不知道的高深奥秘了，但反过来说，又有多少简单的道理被我们所忽略、所遗忘。比如我们终日忙忙碌碌、争强好胜，却忘记了做人最根本的是什么；比如我们总是在讲先做人后做事，但又总是把最简单的做人道理给忽略了；比如我们总是高喊着自由、平等和博爱，却在待人接物时不由自主地把人分成了三六九等；比如我们总是希望得到别人的好，而在习惯了一个人对你的好后，便认为是理所应当的了。 有一天不对你好了，你便觉得怨怼。 其实，不是别人不好了，而是我们的要求变多了。 习惯了得到，便忘记了感恩。比如……比如……生活中很多的常识、很多的道理我们并不一定真正明了，所以，有这么一个宋国的农夫并不是一件坏事，有时候需要他来“负暄献曝”一下。

”

九方皋相马

《列子》

秦穆公谓伯乐曰：『子之年长矣，子姓有可使求马者乎？』伯乐对曰：『良马可形容筋骨相也。天下之马者，若灭若没，若亡若失。若此者绝尘弭辙，臣之子，皆下才也，可告以良马，不可告以天下之马也。臣有所与共担纆薪菜者，曰九方皋，此其于马非臣之下也。请见之。』穆公见之，使行求马。三月而反报曰：『已得之矣，在沙丘。』穆公曰：『何马也？』对曰：『牝而黄。』使人往取之，牡而骊。穆公不说。召伯乐而谓之曰：『败矣！子所使求马者，色物、牝牡尚弗能知，又何马之能知也？』伯乐喟然太息曰：『一至于此乎！是乃其所以千万臣而无数者也。若皋之所观，天机也。得其精而忘其粗，在其内而忘其外。见其所见，不见其所不见；视其所视，而遗其所不视。若皋之相者，乃有贵乎马者也。』马至，果天下之马也。

秦穆公对伯乐说：“您的年纪大了，您的子侄中间有没有可以派去寻找好马的呢?”

伯乐回答说：“一般的良马是可以从外貌筋骨上观察出来的。天下难得的好马就没有这么简单了，它的体征特点是若有若无的。这样的马跑起来像飞一样，而且尘土不扬，不留足迹。我的儿子都是些才智低下的人，可以告诉他们识别一般良马的方法，但无法告诉他们识别天下难得的好马的方法。有个曾经和我一起担柴挑菜的叫九方皋的人，他相马的本领绝不在我之下，请您接见他。”

秦穆公接见了九方皋，派他去寻找好马。过了三个月，九方皋回来报告说：“我已经在沙丘找到好马了。”秦穆公问道：“是匹什么样的马呢?”九方皋回答说：“是匹黄色的母马。”秦穆公派人去把那匹马牵来，一看，却是匹纯黑色的公马。秦穆公很不高兴，把伯乐找来对他说：“坏了！您所推荐的那个找好马的人，连马的毛色公母都不知道，怎么能懂得什么是好马呢?”

伯乐长叹了一声，说：“九方皋相马竟然达到了这样的境界吗？这正是他胜过我千万倍乃至无数倍的地方！九方皋所观察的是马的天赋，深得它的精妙，而忘记了它的粗糙之处；明悉它的内部，而忘记了它的外表。九方皋只看见所需要看见的，看不见他所不需要看见的；只观察他所需要观察的，而遗漏了他所不需要观察的。像九方皋这样的相马，包含着比相马本身价值更高的道理哩！”

等到把那匹马牵回驯养使用，才发现它果然是一匹天下难得的好马。

“

伯乐对九方皋的推崇已经到了无以复加的地步，但是，事物总有一个客观标准，一匹马的颜色和公母就是这么一种客观存在，如果连这样的客观存在都辨别不清，那么又怎样取信于人，让人去相信你更深的道理呢？我总是不明白九方皋为什么要把黑的说成黄的，公的说成母的，是为了故弄玄虚吗？这样的玄虚是为了突出个人的卓越见识而抹杀客观存在的标准吗？那么，九方皋包括伯乐，他们所秉持的理念其实是反科学的。而这种反科学的态度，其实是中国文化中的糟粕。因为没有科学的传承，伯乐之后，再无伯乐。

”

两儿辩斗

《列子》

孔子东游，见两小儿辩斗。问其故，一儿曰：『我以日始出时去人近，而日中时远也。』一儿以日初出远，而日中时近也。一儿曰：『日初出大如车盖，及日中则如盘盂，此不为远者小而近者大乎？』一儿曰：『日初出沧沧凉凉，及其日中如探汤，此不为近者热而远者凉乎？』孔子不能决也。两小儿笑曰：『孰为汝多知乎？』

孔子到东方去游说，看见两个小孩在争辩着什么。问他们为什么争吵，一个小孩说："我以为太阳刚出来时离人近，到中午时离人远。"另一个小孩却认为太阳刚出来时远，到了中午时近。那个认为早上太阳近的小孩说："太阳刚出来的时候大得像车盖，到了中午就小得像盘子了，这难道不是远的显得小，近的显得大吗？"另一个小孩则说："太阳刚出来时还凉飕飕的，到了中午就热得像开了锅一样，这难道不是近的让人感觉热，远的让人感觉凉吗？"孔子听了也不能解决他们的问题。两个小孩便笑着说："谁说你是有学问的人呀？"

“

这则故事在以前“文革”“批林批孔”的时候，是经常被用来丑化孔夫子的。对于孔夫子这样的“圣人”，当然是“一物不知，深以为耻”的。但究竟孔夫子有没有碰到过这样的难题？孔夫子到底知不知道这个问题的答案？我们也不晓得。因为《列子》是人家写的，诸子百家观点不同，互相攻讦的事也是在所难免的。这则故事就有列御寇先生诬蔑孔丘先生的成分在那里。

既然孔子有没有遇到过这么一件事还是个问题，那么列子记载的那两个小孩是否存在也要打问号了。我小的时候，很惊讶于这两个小孩的知识与智慧，因为他们小小年纪探究的已经是现代天文学上的高深学问了。不管这两个小孩是否真的存在，列子至少是想到了这个天文学问题，可惜他也没有深入地钻研下去，而是将它当作了一个攻击对手的话题，一笑了之。于是，中国的牛顿终于没有产生。

”

歧路亡羊

《列子》

杨子之邻人亡羊，既率其党，又请杨子之竖追之。杨子曰：『嘻！亡一羊，何追者之众？』邻人曰：『多歧路。』既反，问：『获羊乎？』曰：『亡之矣。』曰：『奚亡之？』曰：『歧路之中又有歧焉，吾不知所之，所以反也。』杨子戚然变容，不言者移时，不笑者竟日。

杨子的邻居丢失了羊，于是率领他的朋友，还请了杨子的童仆一起去追羊。杨子说："哎！丢了一只羊嘛，干吗要这么多人去追？"邻居说："有很多岔路。"不久追羊的人都回来了，杨子问："找到羊了吗？"回答："丢了。"杨子又问："怎么丢的？"回答："岔路之中还有岔路，我们不知道往哪边去追，所以就回来了。"杨子的表情变得很忧郁，有很长时间不说话，一整天都没有笑容。

“

从杨子的问话来看，他从一开始就反对兴师动众叫这么多人去追一只羊。但邻居的考虑也不是没有道理，因为岔路比较多，所以大家分头去找，找到的概率总要高一些。后来失败的原因是，岔路里还有岔路，人手最终还是不够用。虽然这个邻居终于没有找到羊，但如果按照杨子的想法，一个人一条道盲目地找过去，难道就能找到了？恐怕更加希望渺茫。所以杨子其实没有理由要求人家一条道走到黑。至于他后来的不高兴，似乎毫无道理。

”

杨布打狗

《列子》

杨朱之弟曰布，衣素衣而出。天雨，解素衣，衣缁衣而反。其狗不知，迎而吠之。杨布怒，将扑之。杨朱曰：『子无扑矣，子亦犹是也。向者使汝狗白而往，黑而来，岂能无怪哉？』

杨朱是战国时期的魏国人，这是历史上最“鸟”的一位哲人，他的哲学是“拔一毛而利天下，不为也”。因为一毛不拔，所以他也不肯写书留给后人，但他的故事和见解散见于《庄子》《孟子》《韩非子》《吕氏春秋》《列子》等书。这个故事说的是：杨朱有个弟弟叫杨布，一天穿了一件白衣服出门去。天下雨了，考虑到白衣服容易脏，杨布就脱下白衣服，换了一套黑衣服回家。他家的狗认不出来，迎上前冲他汪汪汪地大声吠叫。杨布大怒，要打这条狗。杨朱说：“你不要打它，你自己也会是这样的。以前，让你的狗出去的时候是一只白的，狗在外面昏天黑地玩耍，弄得一身脏，回来的时候却变成了黑的，你难道不会怪罪吗？”

“

我从许多驯狗的书籍中得知，狗其实是色盲，在它们的眼睛里是分辨不出黑白的，它们对世界的认知主要靠灵敏的嗅觉，所以，杨布先生只要身上的气味不变，他家的狗按理是不会朝他狂吠的。列御寇先生显然不是宠物爱好者，所以，他写《列子》的时候记录这个故事，就跟杨朱一样想当然地以为狗不认主人是杨布换了身衣服的缘故。很多时候，我们总是用最表象的东西来解释原因，这也是我们浅薄之处，连哲学家有时也不免犯错。

”

愚公移山

《列子》

太行、王屋二山，方七百里，高万仞。本在冀州之南，河阳之北。北山愚公者，年且九十，面山而居，惩山北之塞、出入之迂也，聚室而谋曰：『吾与汝毕力平险，指通豫南，达于汉阳可乎？』杂然相许。其妻献疑曰：『以君之力，曾不能损魁父之丘，如太行、王屋何？且焉置土石？』杂曰：『投诸渤海之尾，隐土之北。』遂率子孙荷担者三夫，叩石垦壤，箕畚运于渤海之尾。邻人京城氏之孀妻有遗男，始龀，跳往助之。寒暑易节，始一反焉。

河曲智叟笑而止之曰：『甚矣，汝之不惠！以残年余力，曾不能毁山之一毛，其如土石何？』北山愚公长息曰：『汝心之固，固不可彻，曾不若孀妻弱子。虽我之死，有子存焉；子又生孙，孙又生子；子又有子，子又有孙；子子孙孙，无穷匮也，而山不加增，何苦而不平？』河曲智叟亡以应。

操蛇之神闻之，惧其不已也，告之于帝。帝感其诚，命夸娥氏二子负二山，一厝朔东，一厝雍南。自此，冀之南，汉之阴，无陇断焉。

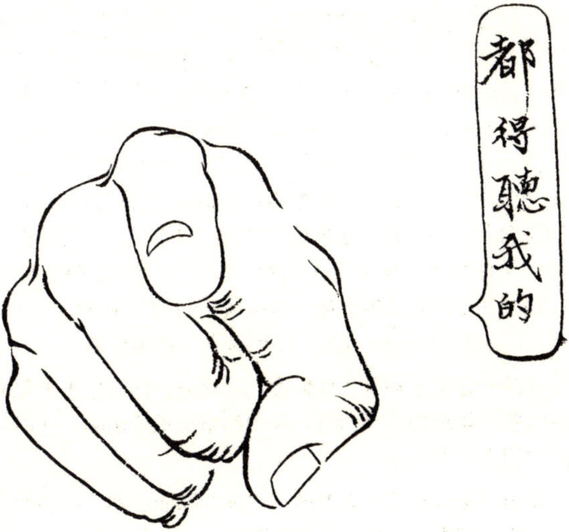
都得聽我的

太行、王屋两座大山，方圆七百里，山高万仞。它们本来位于冀州的南面，河阳的北面。北山的愚公，年纪将近九十，面对着山居住，苦于高山堵挡道路，出入都得迂回曲折地绕着走。于是愚公召集全家人商量道：“我和你们用毕生的精力铲平这道险阻，直达豫南，通到汉水的南面去好吗？”有不少人赞同，但他的妻子质疑道：“以你的力量，魁父那样的小山丘尚且不能铲除，奈何得了太行、王屋这样的大山吗？况且那些挖下来的土石放到什么地方去呢？”大家七嘴八舌地说：“抛进渤海尾岸，隐土的北面。”于是愚公便带领子孙三口挑着担子，开石挖土，用簸箕、土筐将土石运到渤海尾岸。他有个邻居是姓京城氏的寡妇，她的儿子刚开始换牙齿，也蹦蹦跳跳地去帮他们。寒暑节气转了一回，他们才回一次家，平时都在工地里忙活。

河曲的智叟笑着制止他们道：“过分，你这也太不聪明了！以你所剩的年限那么点力气，连山的草也不能伤啊，还能奈何得了大山的土石？”

北山的愚公长叹一声说道：“你的脑筋顽固，顽固得没法开窍，你还不如寡妇小孩。我虽然要死，有儿子在啊；儿子又会生孙子，孙子又会生儿子；儿子又有儿子，儿子又有孙子；子子孙孙，无穷无尽，但山不会增高，还担心有什么不可能？”河曲智叟没有话应对。

山神听说了这件事，害怕愚公没个完，将这件事禀告了玉帝。玉帝感念他的诚心，命令大力神夸娥氏的两个儿子背负两座山，把其中一座安放在朔州的东面，另一座安放在雍州的南面。从此，冀的南面，汉水的南面，就没有山阻断了。

“

做愚公的子孙真是太痛苦了！

他自己都活到九十岁了，却发起这么个运动，把整个家族的未来都安排在这么一件单调乏味的苦力活上。我若是愚公的子孙，一定要问问坟墓里的老祖宗，你凭什么来决定我们的命运？嫌路挡着，我们可以搬家呀，这可方便、经济得多。

据说愚公当年是征询过家里人意见的，家里人“杂然相许”。既然是“杂然”，看来还不是很爽快地一致通过的。后来怎么还坚持施行了？——家长制呗！

一则“愚公移山”，毛主席看到了人定胜天的决心，我却看到了家长制的可怕。

”

玉石楮叶

《列子》

宋人有为其君以玉为楮叶者，三年而成。锋杀茎柯，毫芒繁泽，乱之楮叶中而不可别也。此人遂以巧食宋国。子列子闻之，曰：『使天地之生物，三年而成一叶，则物之有叶者寡矣！故圣人恃道化而不恃智巧。』

宋国有一个替国君用玉石做楮树叶的人，耗费三年才做成。玉石楮叶的枝茎粗细、毛刺的各种色泽几乎达到乱真的程度，将它混在真的楮树叶中也无法分辨得出真假。这个人从此就靠这种技巧在宋国生活。列子听说这件事，说：“假如大自然里的生物，要三年才长成一片叶子，那么树木有叶子的就太少了！所以圣贤凭借的是道德教化而不是智慧机巧。”

“

春秋战国时期有没有艺术品投资这一说我不晓得，可我晓得今天拍卖行里拍卖的天价古董就数那个时候最多。

列子肯定是不懂艺术品的，否则他不会对宋国这位工艺大师持如此批判态度，就像当年鲁迅骂梅兰芳输出京剧国粹一样，大师的评价有时也会失之偏颇，因为他们也都是站在某一特定立场上的。今天看来，古人的“道德教化”几乎是荡然无存了，“智慧机巧”倒还能让后人大开眼界。一个“智慧机巧”的时代已经来到了。

”

詹何钓鱼

《列子》

詹何以独茧丝为纶，芒针为钩，荆筱为竿，剖粒为饵，引盈车之鱼于百仞之渊、汩流之中，纶不绝，钩不伸，竿不挠。

楚王闻而异之，召问其故。

詹何曰：『臣闻先大夫之言，蒲且子之弋也，弱弓纤缴，乘风振之，连双鸧于云际，用心专，动手均也。

臣因其事，放而学钓，五年始尽其道。

当臣之临河持竿，心无杂虑，惟鱼之念，投纶沉钩，手无轻重，物莫能乱。

鱼见臣之钩饵，犹尘埃聚沫，吞之不疑。

所以能以弱制强，以轻致重也。

大王治国诚能若此，则天下可运于一握，将亦奚事哉？』

楚王曰：『善。』

詹何用单股的蚕丝做钓线，用芒刺做钩，用细竹条做钓竿，将一粒饭剖为两半来做钓饵，在百仞深、流水湍急的深渊中钓到一条大得可以装满一辆车的鱼，钓丝还不断，钓钩没有被扯直，钓竿也没有被拉弯。

楚王听说后觉得很惊异，就把他叫来问他原因。

詹何说："听我曾经当过大夫的父亲说过，蒲且子射箭啊，用很弱的弓、很纤细的丝绳，顺着风一射，一箭能在云端射到两只黄鹂，这是因为他用心专一，用力均匀的原因啊。我按照他的这种做法，模仿着学习钓鱼，五年才完全弄懂其中的道理。现在我在河边持竿钓鱼时，心中不思虑杂事，只想着鱼，抛线沉钩，手上用力均匀，没有外物能扰乱我的心神。鱼看见我的钓饵，好似（掉到水里的）尘埃或聚集的泡沫一样自然，吞食它不会怀疑。所以我能以弱制强、以轻御重啊。大王您治理国家如果可以这样，那么天下的事就可以一手应付了，还能有什么对付不了的吗？"

“

詹何的钓技真是出神入化，他的那一通演说也是玄妙绝伦。但是我要说，用一根细竹竿是绝对钓不起一条深渊里的大鱼的，它违背了最起码的科学常识，詹何在强调用心，但他的手法却是故弄玄虚！他之所以编造或者说上演这么一出钓鱼的神话，其目的是为了向楚王表达他对治理国家的见解。从某种意义上说，他不是在钓鱼，而是在沽名钓誉。事实上，治理国家也好，临渊钓鱼也好，用心固然很重要，客观的条件也不容忽视，片面强调用心恐怕也并不是万能灵药，这就好比一个天资平庸的人再用心也成不了爱因斯坦、成不了爱迪生。

”

君子周而不比

《论语》

子曰：『君子周而不比，小人比而不周。』

君子与小人的区别是什么呢？周是一个圆圈，包罗万象，各处都顾到。孔子说：一个君子的为人处世，就好像一个圆满的圆圈，对每一个人都一样；而小人呢？就不对了，对张三好，却对李四不好。因为两个人政见、趣味相同，就“朋比”在一起，反之就走不到一起。这样的取舍是小人的做法。

“

孔夫子的要求显然是太高了。

物以群分，人以类聚，志同道合的才在一起。在人际交往中有亲有疏，也是很正常的。如果这也算是“小人”的做品，那么今天恐怕就没有一个“君子”了。

所以，不能用“圣人”的要求来要求我们。

”

三年无改于父之道

《论语》

子曰：『父在观其志，父没观其行，三年无改于父之道，可谓孝矣。』

孔夫子说：“观察一个人，当他的父亲尚健在的时候，你可以观察他的志向；当他的父亲死后他要独立当家做主了，你要观察他的行为。如果这个人三年里一直遵循父亲的道路不改变，可以说是孝顺了。”

“

天啊！我们知道在古文当中“三”字可以当“很多”解，也就是说“三年无改于父之道”，还可以解释为“很多年过去都一直遵循父亲的道路不改变”，这可能吗？现实世界中，有的人倒确实曾经搬出过“两个凡是”什么的，但毕竟还是挡不住改革开放的大潮。青山遮不住，毕竟东流去。形势变了，一成不变地因循守旧，可以称得上孝道吗？

再说，父道也未必一定是正道。如果一个人的父亲是做贼做强盗的，难道儿子也要跟着去做贼做强盗，而且至少做三年？从前有本印度电影叫《流浪者》，里面有句经典台词：“法官的儿子永远是法官，贼的儿子永远是贼。”莫非印度人也读了《论语》？

”

孰谓微生高直

《论语》

子曰：『孰谓微生高直？或乞醯，乞诸其邻而与之。』

孔子说：“谁说微生高这个人直率？有人向他要醋浆，他向邻居要了来再转送给那个人。”

微生高，复姓微生，名高，是一个鲁国人。人家都说微生高这个人很坦率直爽，但孔子认为大家的话并不一定准确。他讲了这么一件事：有人向微生高要一杯醋浆。他自己没有，便到邻居家去要了一杯醋来，再转送给这个要醋的朋友。孔子认为这个行为固然很讲义气，很肯帮忙，但却不是直道。直道的人，有就是有，没有就是没有，不必绕这个弯子。微生高绕了这个弯，就不能算“直”了。

哎，孔子评价人的要求真是高啊！但中国有句话叫“此一时也，彼一时也”，孔子要求的“直道”恐怕只有在他那个时代才能推行，甚至他那个时代也未必见行。孔子一生不也是到处颠沛流离，终不能一展抱负吗？吃亏就吃在一个“直”上，做人太直！

他在下面的章节里说：“巧言、令色、足恭，左丘明耻之，丘亦耻之。匿怨而友其人，左丘明耻之，丘亦耻之。”

这里孔子又说，一个人讲一些虚妄、好听的话，脸上总是满脸堆笑一副讨人欢喜的表情，看起来对人很恭敬，而且明明对某人有意见却故意藏匿不露还刻意与某人套近乎装作交朋友，这种行径为左丘明所不耻，也为孔子所不耻。

所以，他强调“直”，就是反对在与人同事、与人交往中，明明对人有仇怨，可是不把仇怨表示出来，暗暗放在心里，还去和所怨恨的人故意周旋。孔子主张“以直报怨”。什么叫“以直报怨”呢？你打我一记耳光，我不还你一记但朝地上吐一口唾沫表示对你的愤怒总可以吧？你骂了我，我可以很有风度地不与你对骂，但不理你总可以吧？何必曲意奉迎呢？因为心一“曲”，就阴险了。

道理我想我都讲清楚了，我也不能教你阴险了，你自己估量着怎么办吧。

无友不如己者

《论语》

子曰：『君子不重则不威，学则不固，主忠信，无友不如己者，过则勿惮改。』

孔夫子说：“一个有道德的君子不自尊自重就没有威望，他的学问也不稳固，主要是忠诚和诚信，不要与不如自己的人交朋友，有过错就不要怕改正。”

“

《论语》是孔子的弟子记录孔夫子言行的作品，片言只语，在翻译和理解上会有很多不同的说法，谁也不知道孔夫子当时说这句话的本意，只能是后来人的揣测加意会了。于是有些话便变得很费解，像这句“无友不如己者”，就有些叫人无所适从。

孔夫子的原意恐怕是叫我们向好的人看齐，见贤思齐，不要交坏朋友，近朱者赤近墨者黑。然而，按照这句话的字面理解，孔夫子就成了一个势利小人了。照他这样，交朋友只能交比我们好的，那么科长只能与处长交朋友，处长只能与局长交朋友，局长只能跟市长交朋友，到后来总统先生就没地方交朋友了。不仅如此，我的朋友们如果也都遵循这条原则，那么他们也不肯跟我交朋友呀，因为我不如他们啊！这样一来，世界上就没有什么朋友了。这简直就是一条交朋友的“第二十二条军规”。

但愿我是理解错了,或者这段书的上下文中掉了文字——古代不像我们现代印刷发达，书籍是用刀刻在竹片上，所谓竹简，一片一片很容易弄丢。

”

贤哉回也

《论语》

子曰：『贤哉回也！一箪食，一瓢饮，在陋巷。人不堪其忧，回也不改其乐。贤哉回也！』

孔子说："颜回真是个贤人啊！一个快餐便当，一瓢冷水，住在贫民窟里的一条陋巷中，任何人处在这样的环境中，心里的忧愁、烦恼都会让他吃不消，可颜回仍然淡泊恬静，心里一样快乐。颜回真是个贤人啊！"

“

颜回是孔夫子三千弟子当中最受老师推崇的一个，孔子甚至对他的另一个弟子子贡说：“我和你都不如颜回。”

颜回没有做过什么事情，也没有留下一篇文章甚至一句话，颜回的出名都是靠孔子宣扬出来的。我们怎么知道颜回的学问人品好到如何程度？没办法知道。只知道鲁哀公曾经问孔子他的学生当中谁最好学，孔子说只有颜回，可惜早死了，他死之后没有听说还有好学的人了。所以颜回这个人在历史上是个特例，真所谓神龙不见其首尾。

其实，孔子虽说有三千弟子七十二贤士，但他的弟子的事迹除了子贡、子路等少数几个略有记载外，大多都是他们的老师孔子自己宣扬出来的。孔子真是个好老师，他不用学生捧他，反过来捧自己的学生，投在孔子门下当学生真是三生有幸。不像今天的某些大学老师，甚至还要剽窃学生的成果。当然今天的学生如果有一个像孔子一样有名（不用一样，三分之一四分之一足矣！）的老师，也是绝对不会忘记到处贴上老师的标签的。

”

宰予昼寝

《论语》

宰予昼寝。子曰：『朽木不可雕也，粪土之墙不可圬也。于予与何诛！』

孔子的学生宰予在睡午觉。被孔子看到了，就骂他：“这个烂木头无法雕凿，这堵粪土烂墙去粉刷也粉刷不好。该死！该死！对于宰予这样的人我还能有什么要求呢？”

“

这是孔子批评自己的弟子最严厉的一次，原因在今天看来多少有些荒谬，只是因为这个叫宰予的弟子睡了一下午觉。

中国过去守老规矩的读书人都不敢睡午觉，曾国藩就是一个。他尽管忙困交集，但却不敢睡午觉调整一下身心，怕先师孔老夫子骂他“朽木不可雕也”，所以他只得改成睡黄昏觉。早上起得很早，公事又多又忙实在受不了了，没有办法，又不敢睡午觉，只得在吃晚饭前眯糊一会儿，使得夜里工作精神好一些。罪过，罪过，这个昼寝的教训，在古人看来竟是这么严重的事。可是按照今天的生理卫生观点来看，午睡竟是一个很好的补充休息的习惯，幼儿园里的小朋友都被要求睡午觉，难道是我们的教育部门存心想把他们培养成“粪土之墙”？宰予是被冤枉了。

其实，从前的人读《论语》也多感到宰予被冤枉。康有为、梁启超这一对师徒大概也是午睡爱好者，所以拼命为午睡辩护，他们说，这个“昼”字是记录的时候搞错了，应该是“画”字：宰予闲着没事，常常在寝室里头画壁画，所以孔子批评他。据说，这个说法最早是五代时梁武帝提出来的，宋儒也有人持此观点，并非康梁的创见。但是照我们今天的观点来看，还是不对：画壁画有什么不好？宰予兄多加把劲，说不定能画出个中国的达·芬奇、米开朗琪罗、拉斐尔来。

无论怎么说，宰予总之是被冤枉了。圣人原来也会冤枉人？

”

两相安之

《吕氏春秋》

洧水甚大，郑之富人有溺者，人得其死者，富人请赎之，其人求金甚多。以告邓析。邓析曰：『安之！人必莫之卖矣。』得死者患之，以告邓析。邓析又答之曰：『安之！此必无所更买矣。』

洧水暴涨，发了洪水。郑国一个富翁淹死在河里。有人把他的尸体打捞了上来，富翁家里的人要求把尸体赎买回去，捞尸的人狮子大开口，索价太贵。富翁家里的人没有办法，便去请教邓析。

邓析说："放心吧！那人不可能把尸体卖给别人的。谁会买人家的尸体啊？"

现在轮到那个捞尸的人着急了，他也去求助邓析。邓析又对他说："放心好了！这尸体他不可能从别人那儿买到，还得来找你！"

“

邓析如果去做商人，肯定是个商业奇才。他竟然将供求关系了解得如此透彻。当然，这“商品”有些特殊，所以他也有些缺德。

但是不要轻易地否定邓析的两面三刀，其实他给双方指出的道路已十分明白：一条是“双赢”的道路，大家谈成一个合理的价钱，一个买，一个卖；一条是“双输”的道路，价钱谈不成，一个不肯卖，一个不愿买。不肯卖的囤在手里没有用；不愿买的别的地方又无处求。这不仅让人想起教材里关于资本主义经济危机的故事，牛奶倒入大海也不肯拿去接济穷人的故事。其实我们后来知道，这是经济规律。

可惜邓析这么聪明的人后来让郑国的子产给杀掉了，罪名至今没有公布，大概是太聪明了。

”

内举不避亲

《吕氏春秋》

晋平公问于祁黄羊曰：『南阳无令，其谁可而为之？』祁黄羊对曰：『解狐可。』平公曰：『解狐非子之仇也？』曰：『君问可，非问臣之仇也。』平公曰：『善。』遂用之。国人称善焉。居有间，平公又问祁黄羊曰：『国无尉，其谁可为之？』对曰：『午可。』平公曰：『午非子之子邪？』对曰：『君问可，非问臣之子也。』平公曰：『善。』又遂用之。国人称善焉。孔子闻之，曰：『善哉，祁黄羊之论也！外举不避仇，内举不避子，祁黄羊可谓公矣。』

晋平公在位时，南阳县缺少个县令。平公问大夫祁黄羊，谁适合担任这个职务。祁黄羊回答说：“解狐可以。”平公听了很惊讶，问道：“解狐不是你的仇人吗？你怎么推荐仇人呢？”祁黄羊答道：“您是问我谁适合担任南阳县令，并不是问我谁是我的仇人。”平公说好，于是就派解狐去任职。果然不出祁黄羊所料，解狐当了县令后为老百姓做了许多好事，受到南阳民众的拥戴。

又有一回，晋国需要任命一位大法官，平公又请祁黄羊推荐。祁黄羊说：“祁午合适。”平公不禁问道：“祁午是你的儿子，难道你就不怕别人说闲话吗？”祁黄羊坦荡地回答：“您是要我推荐大法官的合适人选，而不是问我的儿子是谁。”平公接受了这个建议，结果祁午也不负所望，干得非常出色。

孔子听了以后，感慨道：“太好了！祁黄羊推荐人才，对外不排斥仇人，对内又不回避亲生儿子，真是大公无私啊！”

“

“外举不避仇，内举不避亲”，这当然是儒家政治的理想状态。儒家文化过分依赖个人的品质和修行，希望每个人都能成为圣人，事实上，后世的实践证明，这是靠不住的，在大多数时候，人总是更容易成为小人。所以，西方的文化是要用制度去约束人，选拔用人关系到社会公平当然更要有制度，这个制度就是现代所说的回避制度。当事双方利害相关，最好的办法还是事先回避，否则，用人唯亲的现象越来越多，还可以美其名曰“内举不避亲”。你的儿子如果真有才华，难道只有你能发现？小布什当总统靠的可不是老布什推荐。让祁黄羊退休，让祁午靠制度来上位，这是实现社会公平的最好办法。

”

牛缺遇盗

《吕氏春秋》

牛缺居上地，大儒也。下之邯郸，遇盗于耦沙之中。盗求其橐中之载则与之，求其车马则与之，求其衣被则与之。牛缺出而去。盗相谓曰：『此天下之显人也，今辱之如此。此必愬我于万乘之主，万乘之主，必以国诛我，我必不生，不若相与追而杀之，以灭其迹。』于是相与趋之，行三十里，及而杀之。

牛缺居住在秦国，是当时很有名的儒家大师级人物。有一次，牛缺到黄河下游的邯郸去，路上，在沙漠之中遇到了一帮强盗。强盗要他行囊里装的东西，牛缺就给了他们；要他的车马他也都给了他们；要他的衣服被子他当然还是老老实实地给了他们。牛缺就这样赤条条地走出沙漠离开了。强盗们互相议论说："这个人是天下很显要的人，今天对他的侮辱这么大。他必然会将我们告到国君那去，国君肯定会依据国法来诛灭我们，我们肯定活不成了，不如一起追上他把他杀了，来毁灭抢劫的痕迹。"于是这帮强盗又一起追赶牛缺，跑了三十里路，赶上并将牛缺杀了。

“

牛缺先生真是在劫难逃！一个手无缚鸡之力的儒生面对一群武装到牙齿的强盗，除了乖乖听命服从还能怎么样？今天连警方都在提醒我们，碰到坏人保命第一，牛缺先生做错了吗？有个燕国人听说了这件事后，就将全家族的人集合起来，告诫他们：“今后谁遇上了强盗，可千万别学牛缺那样忍让呀！”大家都牢牢记住了这个教训。不久，这个燕国人的弟弟要到秦国去，一行人来到函谷关下，果真遇上了强盗。弟弟想起了哥哥临别时的告诫，勇斗强盗，但是孤掌难敌众拳，终于还是被强盗杀了。如此看来，牛缺横是一死竖是一死。也有人说，牛缺之死怪他名气太大，强盗因为他是“天下之显人”，才非杀人灭口不可。这倒也是一解。一般来说，人只怕不出名，出名要趁早，但在某些特定的时候，也有“人怕出名猪怕壮”的说法，比如牛缺遇到强盗时。任何事情都有代价，出名也是有代价的。

牛缺先生是个倒霉蛋，同样的事情发生在恺撒身上居然是另一种结果：恺撒没有发迹的时候，有一回曾经落到了海盗的手里。恺撒生怕海盗不知道他是个大人物，张扬得一塌糊涂，示意海盗向自己的亲人索要赎金，钱少了还不干非得加倍才体现身价。临了还扔下一句硬话：抓我算你们倒霉，我会让你们死得很难看！海盗们都没有当回事，还以为这个冤大头很好玩。恺撒被赎回之后，马上弄来一支罗马舰队，把海盗们全都杀了。

恺撒的表现比牛缺要夸张得多，为什么他却没事呢？因为他们碰上了两帮不同的强盗，因为两个人的命不同。做人难做，没有一成不变的。尽信书不如无书，说实话，你读我的这本书也一样，其实指点不了你什么。

”

释鹿得人

《吕氏春秋》

孟孙猎得麑，使秦西巴持之归，其母随之而啼，秦西巴弗忍而与之。孟孙归，至而求麑，答曰：『余弗忍而与其母。』孟孙大怒，逐之，居三月，复召以为其子傅。其御曰：『曩将罪之，今召以为子傅，何也？』孟孙曰：『夫不忍麑，又且忍吾子乎？』

有一次，鲁国的权臣孟孙带着随从进山打猎，捉到一只小鹿，他让手下人秦西巴先把小鹿送回府中，以供日后玩赏。秦西巴在送小鹿回府的路上，发现有一只大鹿一直跟在后面，还不停地哀号。秦西巴明白了，这是一对母子。这对鹿母子的深情让他实在不忍心。于是，他就把小鹿放了。孟孙打猎归来后，秦西巴把放走小鹿的事告诉了他。孟孙顿时火冒三丈，将秦西巴辞退赶了出去。过了几个月，孟孙想要替儿子找一位好老师。他突然想起了秦西巴，便命人去寻找他，要让他做儿子的老师。孟孙的“司机”对孟孙的做法很不理解，问道：“秦西巴当年自作主张，得罪了您，现在为什么还要请他当公子的老师呢？”孟孙说：“秦西巴有一颗仁慈的心。他对一只小鹿都能生出怜悯之心，更何况对我的儿子呢？”

產權證
產權人
孟孫

“

故事很精彩，也很感人。但仔细一想，这里面有个权属问题。小鹿是孟孙捉到的，处置权当然属于孟孙，秦西巴只是受委托的一方，他其实是没有权力自作主张处置这只小鹿的，就像律师没有权力自作主张处置或更改委托人的遗产分配一样，这是今天的法律精神。如果秦西巴想要释放小鹿，也必须先征得孟孙的同意。同样的故事，还发生在孟尝君和毛遂的身上，孟尝君派毛遂去收租，毛遂却自作主张将租都免去了，说是替孟尝君收买了人心。这个做法，后来也确实见到了效果，当孟尝君落难逃到这个地方时，当地的百姓挺身而出保护这位免租的恩主。但是，秦西巴和毛遂的做法，如果放在现代的企业管理制度下来看，却是对产权的漠视，是一种严重的越权行为。别人的财产被你慷慨地做了好人，那么别人不就相对沦为恶人了？这个好人我自己不会做非得你帮我做吗？

”

赵简子释鸠

《吕氏春秋》

邯郸之民以正月之旦献鸠于简子，简子大悦，厚赏之。客问其故。简子曰：『正旦放生，示有恩也。』客曰：『民知君之欲放之，故竞而捕之，死者众矣。君如欲生之，不如禁民勿捕。捕而放之，恩过不相补矣。』简子曰：『然。』

邯郸的老百姓在正月初一向赵简子献斑鸠，赵简子很高兴，丰厚地奖赏了他们。他的幕僚问他为什么这样做。赵简子说：“正月初一放生，可以显示对生灵的恩惠啊。”幕僚说：“老百姓知道您要放生，所以争着捕捉它们，因这捕捉而造成死亡的动物就更多了。您如果想要它们存活，不如禁止老百姓捕猎。捕捉来了再又放生，好处还不如坏处呢。”简子说：“你说得对。”

“

我怀疑这个赵简子的幕僚有没有当幕僚的资格。

虽说他说的是大实话，但他却忘了政治是导向的艺术。赵简子放生一只斑鸠，意义不在于一只斑鸠，而在于它的象征，就像圣诞节前美国总统放生一只火鸡。要禁止全美国人民吃火鸡是不可能的，但显示爱心和仁道又是必需的，所以选择这么一种象征性的放生仪式。在赵简子生活的那个渔猎与农林占相等比重的时代，要禁止老百姓捕猎也是不可能的，如果真的要显示对动物的爱心而禁止捕猎，说不定倒反而会饿死了人，引起民变。所以一个聪明的政治家只需要像赵简子本来做的那样，有所表示，作些导向就可以了。如果真的听了那个幕僚的话，反而是断了人民的生路。

政治上的作秀是绝对需要的。

”

墦间之食

《孟子》

齐人有一妻一妾而处室者。其良人出，则必餍酒肉而后反。其妻问所与饮食者，则尽富贵也。其妻告其妾曰：『良人出，则必餍酒肉而后反，问其与饮食者，尽富贵也，而未尝有显者来。吾将瞷良人之所之也。』早起，施从良人之所之。遍国中无与立谈者。卒之东郭墦间之祭者，乞其余；不足，又顾而之他，此其为餍足之道也。其妻归，告其妾曰：『良人者，所仰望而终身也，今若此！』与其妾讪其良人，而相泣于中庭。而良人未之知也，施施从外来，骄其妻妾。

齐国有一个男人，过着一妻一妾的生活。这个男人每天出门，必定酒足饭饱回家。他的妻子问他和谁一起喝酒吃饭，他报出来的名字全都是赫赫有名的富贵名人。他的妻子有些不相信了，对他的小妾说：“我们老公每次出去，都是饱食酒肉然后回来，问问他同谁在一起喝酒吃饭，又全都是些富贵之人，可奇怪的是，怎么从来没有这些显贵之人到我们家里来过。我准备跟踪他一下，看看我们老公到底去了什么地方。”

这个妻子第二天早早地起了床，偷偷地一直尾随着丈夫。丈夫所到之处，全城之中没有一个人停下来跟他说话。最后，这个丈夫来到了东郊坟地间祭祀的地方，拿着人家祭祀剩下的东西吃；不够吃，又四处张望着去另一处地方找，这就是他酒足饭饱的方法。

他的妻子回到家里，告诉小妾说：“丈夫本应该是我们一辈子依靠的对象。现在才知道我们的丈夫竟是这个样子。”她和小妾两个人数落着丈夫，在厅堂里相对而泣。她们的丈夫还不知道把戏已被戳穿，依旧施施然地从外面回来，在妻子和小妾面前端着傲慢的架子。

“

可怜啊！做人不容易，做男人更不容易。

据说日本的男人下了班不肯径直回家，怕被老婆笑话没有社交、没有出息，所以宁可一个人泡在酒吧里先喝上两盅。孟老夫子似乎是未卜先知，连东洋日本国的情况他都晓得。

现代社会男人担负着更多的社会和家庭责任，活得真够累的。那个墦间乞食的齐国男人恐怕也是这样，为了在妻子和小妾面前还能端出一副丈夫的派头，他不得不如此屈辱地生活。这要是放在意大利导演手里，好端端拍出一本电影来，就像《偷自行车的人》。人家那叫人文关怀，悲天悯人的精神。可惜我们孟夫子只是一味地在嘲笑人家。

”

攘邻鸡者

《孟子》

今有人日攘邻之鸡者，或告之曰：『是非君子之道。』曰：『请损之月攘一鸡，以待来年，而后已。』

最近，有一个人每天偷邻居家的鸡（按：估计他邻居开养鸡场，否则哪经得起他这般偷法），有人对他说："这不是君子的行为。"他说："那就减少点吧，每月偷一只鸡，一直到明年，然后就不偷了。"

“

对于这位可爱的小偷，孟子当然是持非议态度的。他老人家板起面孔教训说：“如知其非义，斯速已矣，何待来年？”——如果知道做错了，应该马上改正，为什么还要等到来年？

孟子这个人性子比较躁。孔夫子温文儒雅，修养极高，而且也循循善诱；孟老夫子，有时好像卷起袖子伸出拳头来讲话，甚至还有点一说就爱使性子的味道。我想，如果是孔老夫子来教导那个小偷，他老人家也许会更人性、更高明一些。虽说这个小偷还要坚持再偷几只鸡，但毕竟应该看到：他不仅从数量上减少了犯罪的次数，而且也答应明年金盆洗手不做扒儿生意了。一件事情从量变到质变都有一个过程，也要允许小偷有这么一个改邪归正的过程。就像抽烟的人戒烟，一下子就猛戒，弄得不好会把命都戒掉的。

能够一下子解决问题最好，不能一下子解决，宽容一点给个过程也无妨，只要事物朝着好的方向发展就行。

”

王良辞乘

《孟子》

昔者赵简子使王良与嬖奚乘，终日而不获一禽。嬖奚反命曰：『天下之贱工也。』

或以告王良，良曰：『请复之！』强而后可。一朝而获十禽。

嬖奚反命曰：『天下之良工也。』

简子曰：『我使掌与女乘。』

谓王良，良不可，曰：『吾为之范我驰驱，终日不获一；为之诡遇，一朝而获十。诗云：「不失其驰，舍矢如破。」我不贯与小人乘，请辞！』

从前，赵简子派王良给嬖奚赶车去打猎，一整天没有打到一只鸟或一匹兽。嬖奚回来报告赵简子说：“王良是天底下最差的车夫了。”

有人把这话告诉了王良，王良说：“请再派我去赶一次车！”好不容易说服嬖奚再给他一次机会。这次一下子连鸟带兽猎获了十只。

嬖奚回来报告说：“王良真是天下最好的车夫啊！”

赵简子说：“那么我就派他专门给你赶车吧。”

然后赵简子把这个意思告诉了王良，王良却怎么也不肯，说：“我给他按照规则去赶车，整天得不到一只鸟或兽；不按规则去赶车，一个早晨就打了十只。《诗经》上说：‘不违背驰驱的法则，放出箭去就能射中。’我不习惯给破坏规则的人赶车，请替我谢绝了吧！”

“

真不知道王良在想什么?

你赶车是为了什么?为了打猎。那么你的规则就得服从主人打猎的规则。按照你的规则,主人打不到一只猎物;不按照你的规则,主人满载而归。这就说明你的规则有问题。

孟子显然是站在王良的立场上的,然而有些说不通。因为赶车出去是为了打猎,打猎是大局,为了小节而废大局,着实可惜,中国传统的道德观中有许多这样的东西,我觉得不可取。

当然嬖奚也有不对的地方,一会儿说王良是最差的车夫,一会儿又说他是最好的车夫,评价体系也不能这样随便。然而反观王良的作为,实在有些逞能后报复的成分。

从这方面来看,王良确实是最差的车夫。

”

五十步笑百步

《孟子》

『填然鼓之，兵刃既接，弃甲曳兵而走。或百步而后止，或五十步而后止。以五十步笑百步，则何如？』曰：『不可，直不百步耳，是亦走也。』

“战场上擂起进军的鼓声，两军兵刃相交，却有人丢弃盔甲拖着兵刃逃跑。有的人跑了一百步后停住了，有的人跑了五十步然后停住。逃跑五十步的人可以讥笑逃跑一百步的人吗？”

回答说：“不可以，只不过数量上不到一百步，但这也是逃跑呀。”

“

这个问题孟夫子没有来问我。如果是来问我，我就理直气壮地回答他：“可以！”

为什么可以呢？同样是逃跑，一个逃了一百步，一个逃五十步，可见是一百步那位老兄先逃。如果不是他动摇军心，逃五十步那位仁兄说不定也不至于逃跑。所以，逃五十步的仁兄有理由笑话甚至怪罪逃了一百步的老兄。这是其一。

其二，五十步与一百步确实程度也不一样。没准儿逃五十步还不至于破坏阵形，而逃一百步就会使阵脚大乱，兵败如山倒。所以，一个还在量变，一个却已经质变，让量变的朋友笑笑质变的，也可以提高防质变的能力。

其三，战场上逃跑自然是懦弱无耻的行为。这种行为应该为千夫所指，人人喊打。既然要人人喊打，为什么不让五十步先生也来喊几声？先让大家来笑话一百步的朋友，笑得他无地自容；然后大家来笑八十步的，再笑五十步的，再笑二十步和十步的。这不是一种很好的“知耻近勇”的教育方式吗？为什么要剥夺五十步先生批评与自我批评的权利呢？

”

一齐众楚

《孟子》

有楚大夫于此，欲其子之齐语也，则使齐人傅诸？使楚人傅诸？曰：使齐人傅之。曰：一齐人傅之，众楚人咻之，虽日挞而求其齐也，不可得矣。引而置之庄岳之间数年，虽日挞而求其楚，亦不可得矣。

有位楚国的官员，想要他的儿子学会说齐国话，那么，是找齐国人来教呢，还是找楚国人来教呢？回答当然是要找齐国人来教。但是一个齐国人来教他，却有许多楚国人在旁边干扰他，纵使每天鞭挞他，逼他说齐国话，也是做不到的；假若带领他到齐国城市、农村走走，把他放在那样的语言环境中，再住上几年，即使每天鞭挞他，逼他说楚国话，也是做不到的，因为他天天听到的都是齐国话，肯定也就学会了说齐国话。

“

想不到孟子对学外语也有研究，他的话大致是不错的，所以今天的富人都要把他们的子女送到国外去，另外不说，至少有个好的语言环境，这是客观条件。唯物主义总认为客观条件决定一切，所以才叫唯物，孟子在这个问题上倒也“唯物”了一把。但事实上，很多时候，主观因素还是会起到很大的作用。无论客观条件如何，关键是本人想不想学。如果官员的儿子本人不想学齐国话，你把他送到齐国去也只会浪费金钱，就像今天的“富二代”到了美国留学，飙车、炫富样样都来，就是不会说英语。

”

缘木求鱼

《孟子》

曰：『王之所大欲可得闻与？』

王笑而不言。

曰：『为肥甘不足于口与？轻暖不足于体与？抑为采色不足视于目与？声音不足听于耳与？便嬖不足使令于前与？王之诸臣皆足以供之，而王岂为是哉？』

曰：『否。吾不为是也。』

曰：『然则王之所大欲可知已。欲辟土地，朝秦楚，莅中国而抚四夷也。以若所为，求若所欲，犹缘木而求鱼也。』

王曰：『若是其甚与？』

曰：『殆有甚焉。缘木求鱼，虽不得鱼，无后灾。以若所为，求若所欲，尽心力而为之，后必有灾。』

战国时候，齐国国君齐宣王想用武力征服天下，孟子劝他放弃武力，而采用仁慈的政治措施。孟子对齐宣王说：“大王如果想用武力征服天下，就好比‘缘木求鱼’，结果肯定是徒劳无功，不但达不到目的，还可能造成祸害。”

孟子是这样游说齐宣王的：“大王的最大愿望是什么呢？可以讲给我听听吗？”

齐宣王笑了笑，却不说话。

孟子便说：“是为了足够的肥美的食物吗？是为了足够的轻暖的衣服吗？还是为了足够的艳丽的色彩？是为了足够的美妙音乐？还是为了足够的身边伺候的人？这些，您手下的大臣都能够尽量给您提供，难道您还真是为了这些吗？”

宣王说：“不，我不是为了这些。”

孟子说：“那么，您的最大愿望我便可以知道了，您是想要扩张国土，使秦、楚这些大国都来朝贡您，自己君临中国，安抚四方落后的民族。不过，以您现在的做法来实现您现在的愿望，就好像爬到树上去捉鱼一样。”

宣王说：“竟然有这样严重？”

孟子说：“恐怕比这还要严重哩。爬上树去捉鱼，虽然捉不到鱼，却也没有什么后患。以您现在的做法来实现您现在的愿望，费劲心力去干，反而一定会有灾祸在后头。”

“

说罢这则典故，突然记起一个温州朋友告诉我的趣闻：在温州的南麂岛有一种鱼叫“跳鱼”，它真的是在树上的耶！这样说来，缘木倒也是可以求到鱼的，是孟老夫子孤陋寡闻了。

按一般人的思维程式，缘木求鱼当然是不对的，但事情却往往有特例。大家的惯性思维习以为常了，就容易忽略了事物的特例。而要成就惊人的大事业，却往往是因为善于抓住这个特例。所以，在某些时候，要有“缘木求鱼”的勇气，做惊人之举，成不世之业。当然了，我这么说并不是支持齐王滥用武力，因为，除了在南麂岛，你永远也碰不到跳鱼。这里面还牵涉到一个概率问题，牵涉到一个判断问题，我并不是让你们都爬到树上去抓鱼哦！

”

两人学弈

《孟子》

弈秋，通国之善弈者也。使弈秋诲两人弈。其一人专心致志，唯弈秋之听；一人虽听之，一心以为有鸿鹄将至，思援弓缴而射之，虽与之俱学，弗若之矣！为是其智弗若与？曰：非然也。

有个善于下围棋的人叫秋，是全国最著名的棋手。让棋手秋教两个人下棋。其中一个人专心致志地学习，棋手秋说什么他都听进去；另外一个人，虽然也在听着，但心里却一直惦记着有大雁要飞来，想要开弓去射它。所以这人虽和前一人一同学棋，却远远比不上人家了！难道说他的聪明才智不及别人吗？我说：不是这样啊！

“

中国人对学习的态度总是强调专心致志，所以那个惦记着射大雁的棋手就被认为不是个好学生。但是，是不是光有专心致志就可以了呢？从前我上课也总是安安静静，老师讲什么我就听什么，就像文中的第一个人一样，当然成绩也还不错。但到后来却发现，我学的东西都是死的，而不是我自己的。当鸿鹄真正来到的时候，我却忙着低头温习老师传授的棋法。

高中，我进入了国际部。这是一个真正让我脱胎换骨的地方。在这里，最重要的一点就是critical thinking，也就是批判性思维：老师说的话，是可以被推翻的；知识，是要靠自己去推敲的。老师教的都只是皮毛，是更深入内容的基础载体，而如果只听从老师的话，不去分点心思想想其他的，那永远就只能差于老师，因为他传授的只是他所知道的，而你，也不去思考些他所不知道的和他没有教授的。——唯弈秋之为听，便只能甘于永远做他的替身，永远不如他。

弈秋，作为一个老师，强调学习的专心致志当然没有错；但作为一个学生，要想成为弈秋这样的好棋手甚至是超过弈秋的好棋手，光靠专心致志还是不够的。这几天，机器人阿尔法战胜围棋九段柯洁的新闻铺天盖地，我总感觉，我们人类的失败是不是因为我们总是被困在了一个死板的思维方式里。

”

邻家之父

《墨子》

有人于此，其子强粱不材，故其父笞之。其邻家之父，举木而击之，曰：『吾击之也，顺其父笞之志。』则岂不悖哉！

有个人，他的儿子凶暴，强横不成器，因此他的父亲用鞭子打他。邻家的老翁，也举起木棍来打这个儿子，说："我打他，是符合他父亲意愿的。"这样做，难道不荒谬吗？

“

按照墨子的逻辑，自家的儿子只有自家管得，各人自扫门前雪，莫管他人瓦上霜。人情世故倒也确实如此，你拿个木棍去打人家的不肖子孙，多少有些狗拿耗子多管闲事，弄不好还火上浇油，适得其反。然而这样的逻辑对于对不良之风的同仇敌忾，对于社会正义的伸张毕竟是不利的。在出现道德滑坡问题的今天，不是管闲事的人太多，而是管闲事的人太少。

”

鲁人好钓

《阙子》

鲁人有好钓者，以桂为饵。锻黄金之钩，错以银碧。垂翡翠之纶。其持竿处位则是，然其得鱼不几矣。故曰：『钓之务不在芳饰；事之急不在辩言。』

鲁国有个喜欢钓鱼的人，用桂花做鱼饵。用黄金打造钓鱼钩，整个渔具上还点缀了银丝及碧绿的玉石。垂钓的丝线是翡翠色的。他拿竿的姿势、钓鱼所选的地方都是很讲究的，但是钓到的鱼却没有多少。所以说：“钓鱼重要的不是漂亮的装饰；事情是否急迫也不在于说辩。”

“

中国人大概是比较实用主义的，在形式与内容两者之间，总是更看重内容。

其实我在想，那个鲁国人极尽完美地打造他的渔具，把钓鱼钓得十分艺术，有什么不好呢？至于他钓到的鱼不多，那是他钓鱼的本领还没学精，那是另外一回事，并不是因为他的渔具太漂亮了。这两者之间没有必然的联系。因为他钓的鱼不多，所以嘲笑他的渔具太讲究；因为内容不是很好，从而觉得形式上的追求也是不应该的——这难道就是我们的逻辑吗？

西方人重形式，敢于为形式而形式，敢于在形式上创新，所以西方多产生艺术，他们的艺术流派也如百花齐放。我们太讲究实用，太追求内容，以至于急功近利，沦为功利主义了。据说胡适先生当年打麻将有三个务必：麻将牌务必高档；用作计账的筹码务必精致；一同打麻将的人务必高雅。胡适先生毕竟是主张西化的人。

要让钓鱼成为一门艺术，要让生活成为艺术，就应该停止对鲁人的责难与嘲笑。

”

宋之愚人

《阙子》

宋之愚人得燕石梧台之东，归而藏之，以为大宝。周客闻而观之。主人父斋七日，端冕之衣，衅之以特牲，革匮十重，缇巾十袭。客见之，俯而掩口，卢胡而笑曰：『此燕石也，与瓦甓不殊。』主人父怒曰：『商贾之言，竖匠之心！』藏之愈固，守之弥谨。

宋国有一个蠢人，在梧台的东边得到一块燕子石，回家后把它收藏起来，以为那是十分贵重的宝贝。来自周国的客人听说之后要求看看那块石头。这个蠢人为此斋戒了七日，穿上礼服戴上礼帽，还杀了头公牛来祭祀，盛石头的皮革箱子套了十个，橘红色的布又包了十层。客人看了那石头，笑得直不起腰来，掩住嘴巴，笑得发出“卢胡卢胡”的声音，说道：“这是燕子石啊，和瓦片没什么区别的。”男主人发火了，说：“你这是商人骗人的话！你这是小人之心！”于是，他把那块燕子石藏得更加隐蔽，看守得更加谨慎。

“

这真是一个古代版的《疯狂的石头》。

然而，笑过之后，仔细想想：什么叫宝贝？宝贝还不是仁者见仁、智者见智的吗？翡翠白玉就一定比燕子石来得珍贵？黄金白银从它们诞生之日起就能作为硬通货流通吗？宋国的蠢人既然认定那块燕子石是宝贝，你又何必一定去破坏他的幸福感呢？你有你的宝贝，他有他的宝贝，他藏在那里，既不强迫你买，也不想跟你调换什么，干你啥事？现在社会里，有的人家辛辛苦苦收藏了几代的一张古画、一件古董拿到电视台的鉴宝栏目一看，结果是赝品，搞得心情极差，何苦来着？不过，你是自己拿去让人家鉴定的，人家有必要对你说真话，你怪不得人家；而那个周国客人则纯属多管闲事。给穷人保留一点幸福感好不好？

说到这里，有人搞石头收藏，说是燕子石这几年身价暴涨，说不定真是一件宝贝了。

”

贵士贱妾

《史记》

平原君家楼临民家。民家有躄者，槃散行汲。平原君美人居楼上，临见，大笑之。明日，躄者至平原君门，请曰：『臣闻君之喜士，士不远千里而至者，以君能贵士而贱妾也。臣不幸有罢癃之病，而君之后宫临而笑臣，臣愿得笑臣者头。』平原君笑应曰：『诺。』躄者去，平原君笑曰：『观此竖子，乃欲以一笑之故杀吾美人，不亦甚乎！』终不杀。居岁余，宾客门下舍人稍稍引去者过半。平原君怪之，曰：『胜所以待诸君者未尝敢失礼，而去者何多也？』门下一人前对曰：『以君不杀笑躄者，以君为爱色而贱士，士即去耳。』于是平原君乃斩笑躄者美人头，自造门进躄者，因谢焉。其后门下乃复稍稍来。

战国时候的平原君以善于养士著称。他家的高楼可以俯视邻舍的民宅。民宅中有个跛子，总是一瘸一拐地出外打水。平原君的一位美丽的小妾居住在高楼上，俯视看见跛子打水的样子，就哈哈大笑起来。第二天，这位跛子找上平原君的家门来，申诉道：“我听说您喜爱有才能的士人，所以士人不辞路途遥远千里迢迢地归附您的门下，就是因为您看重有才能的人而卑视有姿色的姬妾啊。我不幸得很，患病致残，可是您的姬妾却在高楼上俯视耻笑我，我希望得到耻笑我的那个女人的头。”平原君笑着回答说：“好吧。”等那个跛子走了，平原君又笑着说：“看这小子，竟因一笑的缘故要杀我的爱妾，不也太过分了吗？”终归没杀那个美人。过了一年多，平原君门下的宾客陆陆续续地托故辞去的超过了半数。平原君对此感到很奇怪，说：“我赵胜对待各位先生不曾敢有亏待，可是离开我的人为什么还那么多呢？”一个门客上前对答说：“因为您舍不得杀耻笑跛子的那个美人，大家认为您喜好美色而轻视士人，所以就纷纷离去了。”于是平原君就斩下耻笑跛子的那个爱妾的头，亲自登门献给跛子，并向他道歉。从此以后，原来门下的客人又陆陆续续地回来了。

“

美人笑了一下跛子就丢掉了脑袋，这在今天看来无论如何是不可思议的。顶多是不尊重残疾人，罪不至死呀！再说了，那个跛子有什么才能？除了会打水，除了能言善辩有些胆量，其他还有什么？如果跛子是个很有才能的人，那么近在咫尺，平原君居然没有发现把他收归门下，已经犯了失察的错误，证明他并不是一个真正爱才、识才的人；如果跛子并没有什么才能，那么为他这点小小的缘故擅杀一个美人，岂不又犯下草菅人命的罪过？所以，过错其实都在平原君身上。那些宾客以不杀美人的缘故离开平原君，多少都有些矫情。如果我是平原君的宾客，等他杀了美人，我倒要立马离开了。

”

马夫之妻

《史记》

晏子为齐相，出，其御之妻从门间而窥其夫。其夫为相御，拥大盖，策驷马，意气扬扬，甚自得也。既而归，其妻请去。夫问其故，妻曰：『晏子长不满六尺，身相齐国，名显诸侯。今者妾观其出，志念深矣，常有以自下者。今子长八尺，乃为人仆御，然子之意，自以为足，妾是以求去也。』其后，夫自损抑。

晏子担任齐国国相时，有一天乘车出去。车夫的妻子从门缝里偷看她的丈夫。她丈夫替国相驾车，坐在伞下，用鞭子鞭打着拉车的四匹马，趾高气扬，得意扬扬。车夫回来后，他妻子要求离婚，车夫问她是什么原因，妻子说："晏子身高不足六尺，身为齐相，名闻各国。今天我看他出门，志向和考虑都很深远，态度十分谦卑，常常以为自己不如别人。而你呢，身高八尺，不过是人家的车夫罢了，然而你的表现，却已经自认为很满足了，我因此要求离婚。"从此之后，她丈夫处处收敛，低调多了。

“

马夫的老婆其实大可不必这样打击自己老公的自信心。晏子是齐相，所以他要摆出政治家虚怀若谷的姿态，而马夫却是个小人物，他不需要故作姿态。但是，小人物也有自己值得骄傲的地方，她老公之所以能够成为国相的马夫，是因为他驾车技术好，就这一点而言，他就值得骄傲。马夫只不过是“意气扬扬”而已，他又没有去仗势欺人。再说了，“意气扬扬，甚自得也”，说明他热爱自己的工作，不觉得驾车的就一定比坐车的低人一等，这是一种难能可贵的心态，可惜马夫的老婆还要去打压他，把他弄得垂头丧气。我们在国外的时候，看到餐厅的侍者、维修的工人，哪怕是街上扫地的清洁工，个个面带自信，脸上充满阳光，他们丝毫不觉得自己的工作低人一等，所以，他们也会热爱自己的工作，努力做好自己的工作；而反观国内，从事这类工作的人好像个个都被马夫的老婆训斥过了，像泄了气的皮球。这样的状态能让他们安心工作、热爱工作吗？

让每个人都自信总比让每个人都泄气、都抱怨好。

”

一鸣惊人

《史记》

国中有大鸟，止王之庭，三年不蜚又不鸣，王知此鸟何也？王曰：『此鸟不飞则已，一飞冲天；不鸣则已，一鸣惊人。』

齐威王喜欢通宵达旦地饮酒，追求没有节制的快乐，不理朝政，其他诸侯国纷纷觊觎、侵犯齐国，齐国将要危亡，而齐威王左右的臣子没有一个敢劝谏的。不过，这个齐威王还有一个爱好，就是喜欢说隐语。大臣淳于髡就用隐语劝说齐威王："我们国家来了一只很大的鸟，栖息在大王的宫廷上，三年来它既不飞也不叫，大王您知道这是一只什么样的鸟吗？"齐威王听懂了淳于髡的隐语，马上说："这只鸟不飞便罢，一飞就冲上天际；不叫则已，一叫就惊动世人。"说完这番对话后，齐威王果然像换了个人似的，立刻振作起来，他尽召全国七十二个县的长官来朝见考核，赏了一个优秀的，杀了一个渎职的，又奋发有为地带兵出征。诸侯们都万分惊恐，纷纷都把先前侵占的地方归还齐国。

我的人生我做主

“

故事很好，很励志，现代人都把“一鸣惊人”当作自己的人生追求。但是作为一只鸟，三年不飞不鸣却是很危险的。因为在这三年里，它也许会退化，从而失去了飞翔和鸣叫的技能；即使技能没有退化，也许等不及三年，它就会被贱卖，甚至被杀了吃掉。谁知道它是一只“一鸣惊人”的鸟呢？所以，最好还是踏踏实实地从现在做起，不要老幻想着一鸣惊人。不是每一个人都能做齐威王的，很多人其实做不了自己的主。

”

穆公亡马

《说苑》

秦穆公亡马，岐下野人得而共食之者三百人。吏逐得，欲法之。公曰：『君子不以畜害人。吾闻食马肉不饮酒者，伤人。』乃饮之酒。其后穆公伐晋，三百人者闻穆公为晋所困，椎锋争死，以报食马之德。于是穆公获晋侯以归。

秦穆公走失了一匹马，被岐山脚下的农民捉得并分给三百个人一起吃了它。秦穆公的官吏追捕到了食马的人，想按照法律来处置他们。秦穆公说：“有德才的人不因为畜生而杀人。我听说吃马肉而不喝酒，就会伤及身体。”于是便把酒赐给他们饮。后来秦穆公攻打晋国，那三百人听说秦穆公被晋军围困，拿着锐利的武器以死相救，来报答给马肉吃的恩德。最终使秦穆公擒获了晋侯班师回国。

1、2、3……
298……

“

官吏追捕到食马的人并且要按法律来处置他们，可见食马的三百个人是违法在先，然后是秦穆公觉得问题棘手：违法的人太多了，为了一匹马杀那么多人毕竟说不过去，为了显示自己的宽大仁慈，他再次破坏法律。是法不责众还是法律本身就有问题？这么关键的问题大家反而不去计较了，中国的法治建设往往陷入这样的泥淖。于是我们只能得出结论：违法的成本跟数量是成反比的，三百个人一起违法，秦穆公只好网开一面了，如果是三个人呢？这又是一个有趣的问题，可惜历史没有给我们答案。

”

螳螂捕蝉

《说苑》

园中有树，其上有蝉。蝉高居悲鸣饮露，不知螳螂在其后也；螳螂委身曲附欲取蝉，而不知黄雀在其傍也；黄雀延颈欲啄螳螂，而不知弹丸在其下也。此三者皆务欲得其前利，而不顾其后之患也。

夏日的果园，一棵大树上驻足着一只清高的蝉儿。蝉儿在高处饮食着露水，自由自在，却不知道螳螂已经在它身后。螳螂的眼光紧盯着猎物，弓起身子曲着双腿准备对蝉儿发起致命的一击，却不知道有一只觅食的黄雀正在自己的旁边。黄雀伸长了颈脖准备啄食螳螂，却不知道树下有个人正拿着一把弹弓瞄准自己。这三个家伙都为了得到眼前的利益，而忘了后顾之忧。

“

多么可怕的食物链啊！萨特说：“他人就是地狱！”一不小心，你就成了他人的猎物。但是，站在螳螂的角度想一想，如果它不努力地捕蝉，它也就只剩下饿死的份。再说了，捕猎与被猎并没有因果关系，即使前面没有那只蝉儿，后面还是会有那只黄雀。所以，该干什么还得干什么，前怕狼后怕虎的，啥事都干不成，只有被饿死。

”

枭遇鸠

《说苑》

枭逢鸠。鸠曰：『子将安之？』枭曰：『我将东徙。』鸠曰：『何故？』枭曰：『乡人皆恶我鸣，以故东徙。』鸠曰：『子能更鸣可矣，不能更鸣，东徙犹恶子之声。』

枭遇到了斑鸠。斑鸠说：“你将要去哪儿？”枭说：“我要迁移到东面去。”斑鸠说：“为什么呢？”枭说：“乡里的人都讨厌我的叫声，所以，我才向东面迁移。”斑鸠说：“你要是能改变了叫声，那是可以去那里的；要是不能改变叫的声音，到了东面也仍旧会有人讨厌你的叫声。”

“

乍听起来，斑鸠的话不错。但是，喜怒哀乐其实是很主观的东西，既然是主观的就会存在很大的差异，有人喜欢的，另外的人却不见得喜欢；同样，有人讨厌的，也未必人人都讨厌。枭的叫声确实不被大多数人喜欢，但谁能说一个喜欢的都没有？狼的嚎声够可怕的了，但也有人美其名曰狼啸。枭既然在乡里不受欢迎，那么它通过迁移去寻找知音也应该说是一种明智的选择，为什么一定要改变自己去适应别人呢？俗话说，青菜萝卜各有所好，也许东边的人并不讨厌猫头鹰的叫声呢。《吕氏春秋》里有一篇寓言，说是有一个浑身发奇臭的人，他的父母、兄弟、妻子、朋友，没有谁能受得了和他住在一起，他自己也非常苦恼，躲到了海边。海边却有一个人特别喜欢他那个臭味，白天黑夜跟着他，简直都离不开了。所以，猫头鹰还是要相信自己的判断。

我们人类不像鸟，不会因为叫声而被人厌恶和排挤，但大千世界，人类的性格也各不相同，犹如鸟类叫声的不同。在生活中也有一些不欣赏我这种性格甚至不喜欢我的人，起初我企图改变自己来融入他们，但是并没有成功。原因在于——再怎么努力想要改变自己，性格都是由基因决定的，靠后天改变，也必定留有痕迹。而和一些只喜欢伪装过后的你却不能接受真实的你的人生活在一起，难道是一种幸福吗？

”

五技而穷

《荀子》

目不能两视而明，耳不能两听而聪。螣蛇无足而飞，鼫鼠五技而穷。

眼睛不能同时看两样东西而都看明白，耳朵不能同时听两种声音而都听清楚。螣蛇没有脚但能飞，鼫鼠有五种本领却常陷入困境。

“

相传鼫鼠这种动物，能飞但飞不过屋，会爬树又爬不到树梢，能游水却不能渡过一个小坑洼，会打洞却又不能掩身，能走又不能跑到人前头。鼫鼠虽身兼五种技能，但因技能不精而常常陷入困境，所以荀子把它看得一无是处，当作反面教材。但从今天的观点来看，其实倒也不尽然。能飞何必一定要过屋？会爬树又何必一定要爬到树梢头？躲避一下猫狗的袭击，鼫鼠的这点小技能已经足够，如果要说至臻完美，恐怕每一项技能都是无穷尽的，斑马跑得再快还有猎豹比他更快，大自然的食物链就是这么环环相扣，而大自然赋予每个生命的特殊技能其实都是有用的，包括鼫鼠的五技。没有必要妄自菲薄，也没有必要小觑别人。同样道理，人的学习其实也是这样，能够成为博大精深的专家当然好，凡事都学点三脚猫，做个杂家其实也不错。

”

伯乐遇骥

《战国策》

夫骥之齿至矣，服盐车而上太行。蹄申膝折，尾湛胕溃，漉汁洒地，白汗交流，中阪迁延，负辕不能上。伯乐遭之，下车攀而哭之，解纻衣以幂之。骥于是俯而喷，仰而鸣，声达于天，若出金石者，何也？彼见伯乐之知己也。

有一匹千里马年纪大了，拉盐车上太行山，吃力地蹄子张开膝盖弓起，尾巴被汗水浸湿，皮肤上也汗水淋漓好像溃烂一般。它的白汗横流，洒了一地，在半山坡上挣扎着难以前行，背着这车辕再也不能上去了。

伯乐遇见了它。伯乐下了车，牵住它的缰绳为它而哭泣，并且解下苎麻衣服披在它身上。千里马于是低头喷出气来，继而仰首长鸣，声音传向天空，洪亮得犹如金石之声。为什么呢？它见到了伯乐这个知己啊。

“

可怜的千里马。终于在它生命的最后时刻，遇到了它的知己伯乐。

然而，它应该感激吗？它应该感到欣慰吗？一味地只知道感激，总还是奴才的样子。它为什么不能问问伯乐：你早干吗去了？他为什么不能问问：为什么这个世界上只有一个伯乐呢？为什么没有形成一种相马的制度呢？

这匹被耽误了一生的千里马，本应该代那些被耽误了一生的人们，好好问一问的。

”

东门吴

《战国策》

梁人有东门吴者，其子死而不忧。其相室曰：『公之爱子也，天下无有，今子死不忧，何也？』东门吴曰：『吾尝无子，无子之时无忧，今子死，乃即与无子时同也，臣奚忧焉？』

魏国有个名叫东门吴的人，他的儿子死了他却一点不伤心。他的管家说：“您心爱的儿子，对您来说天下没有人可以替代的了，现在他死了您却不伤心，这是为什么？”东门吴说：“我曾经没有儿子，没有儿子的时候不伤心，现在儿子死了，就和当年没有儿子时一样，我有什么好伤心的呢？”

無所謂

“

东门吴的洒脱简直是全无心肝！照他这么说，他身上的肉，在他母亲未生他的时候也是不存在的，割一块下来也是没有关系的，只不知他是否会觉得痛？

中国历史上有很多这样的所谓名士，连亲人死了的时候都不放过“作秀”的机会。名士们讲“通脱”，讲“性情”，但表演的成分多了，不是真性情。庄子死了妻子，鼓盆而歌；阮籍死了母亲，下棋如故。不过他们都说不出像东门吴这样丧心病狂、令人触目惊心的话来。大概他们的名声都比东门吴大，用不着“语不惊人死不休”了。

看来，“作秀”的潜规则从古至今都是一样的。

”

江上处女

《战国策》

夫江上之处女，有家贫而无烛者，处女相与语，欲去之。家贫无烛者将去矣，谓处女曰：『妾以无烛，故常先至，扫室布席，何爱余明之照四壁者？幸以赐妾，何妨于处女？妾自以有益于处女，何为去我？』处女相语以为然而留之。

江上有个少女，家里穷得连蜡烛都没有，要借其他少女的烛光一起做针线活。其他聚在一起做针线活的少女们商量着，想把她赶走。家里贫穷得没有蜡烛的少女将要离去的时候，对其他少女说：“我因为没有蜡烛，要沾你们的光，所以总是早点到这里来，为你们打扫房子铺好席子；你们点着的蜡烛，照亮四壁，我有幸被赐予一些光明，可这又怎么妨碍你们了呢？我自己觉得还有利于你们，为什么要赶我走啊？”少女们互相议论，认为她说得有道理，便留下了她。

“

这个中国版的“卖火柴的小女孩”说得多么凄恻！然而现实当中，富人肯让穷人沾光吗？富人驾驶着宝马呼啸而过，马路上在寒风中瑟瑟抖抖地走着路的人，也许跟他去同一个方向，但是能去搭他的车吗？尽管他一个人坐车与多载几个人坐车，耗费的汽油几乎相等。

富人与穷人是无法实现资源共享的。

不要将可怜示人，不要再寄希望于人了，自己想办法去赚到那蜡烛吧！

”

南辕北辙

《战国策》

今者臣来，见人于太行，方北面而持其驾，告臣曰：『我欲之楚。』臣曰：『君之楚，将奚为北面？』曰：『吾马良。』臣曰：『马虽良，此非楚之路也。』曰：『吾用多。』臣曰：『用虽多，此非楚之路也。』曰：『吾御者善。』此数者愈善，而离楚愈远耳。

战国后期，一度称雄天下的魏国国力渐衰，可是国君魏安釐王仍想出兵攻伐赵国，以期振兴。谋臣季梁风尘仆仆赶来求见安釐王，劝阻伐赵。季梁对安釐王说："今天我在太行道上，遇见一个人坐车朝北而行，但他告诉我要到楚国去。楚国在南方，我问他为什么去南方反而朝北走？那人说：'不要紧，我的马好，跑得快。'我提醒他，马好也不顶用，朝北不是到楚国该走的方向。那人指着车上的大口袋说：'不要紧，我的路费多着呢。'我又给他指明，路费多也不济事，这样到不了楚国。那人还是说：'不要紧，我的马夫最会赶车。'这人真是糊涂到家了，他的方向不对，即使马跑得特别快，路费带得特别多，马夫特别会赶车也没用，这些条件越好，也只能使他离开目的地越远。"

哥倫布是什麼布

“

季梁不是哥伦布，当然不知道地球是圆的。我们今天读这则成语也多是站在季梁的角度嘲笑人家的态度。我不知道西班牙人或者葡萄牙人读到这则故事，会不会大吃一惊：如果将南辕北辙进行到底，那么中国人将比他们早二千年知道地球是圆的了！

可惜中国人就是太聪明了，不肯做这些笨实验。

话又分开来说，我这也只是字面意义上的讨论，没有一定的条件，时机不成熟，无论如何都做不成哥伦布的。就凭我们古代的司南，到了南北极就无法分清南北了。南辕北辙的老哥不生在哥伦布的时代，真是可惜了。也因为生得太早，不切实际，反而远离了目标，终于成了人们的笑柄。

”

人有两妻

《战国策》

楚人有两妻者，人誂其长者，长者詈之；誂其少者，少者许之。居无几何，有两妻者死。客谓誂者曰：『汝取长者乎？少者乎？』『取长者。』客曰：『长者詈汝，少者和汝，汝何为取长者？』曰：『居彼人之所，则欲其许我也；今为我妻，则欲其为我詈人也。』

楚国有个人有两个老婆，有人挑逗他的大老婆，大老婆义正词严地叱责他；勾引那小的，小的居然就应允了。

过了不久，有两个老婆的人死了。旁人对那挑逗者说："现在你的机会来了。你是愿意娶那个大老婆呢？还是娶小老婆呢？""娶大的。"旁人不解地说："他的大老婆叱责过你，小老婆则应允你，你为什么还要娶大的呢？"回答说："当她是别人的老婆时，当然希望她同意和我相好；现在是我的妻子了，当然希望她为我而叱责别人啦。"

“

呜呼！二奶之不可靠，自古已然！今天还有人热衷于包二奶，真是不吸取教训！

读这则故事的时候，我总觉得这个登徒子倒蛮会打小算盘的，充分表达了大男子主义的想法：你的我最好能分享一点，我的你动不来的。然而，女人是否就一定顺着你的想法呢？反过来，那个大老婆也许会想：“我有丈夫的时候，他就来挑逗我。我若嫁给了他，他还会再去挑逗有夫之妇。这样的人，难免不惹祸上身，我不要又嫁了一个短命鬼。”——所以，很多时候太顺着自己的想法，自作聪明是我们的通病，如果再去想想人家会怎么想，如意算盘就打不下去了。

”

买来马首

《战国策》

古之君人，有以千金求千里马者，三年不能得。涓人言于君曰：『请求之。』君遣之。三月得千里马，马以死，买其首五百金，反以报君。君大怒曰：『所求者生马，安事死马而捐五百金？』涓人对曰：『死马且买之五百金，况生马乎？天下必以王为能市马，马今至矣。』于是不能期年，千里之马至者三。

从前有一个想用千金去买一匹千里马的君王，3年过去了，千里马仍没买到。有个侍臣向君王请求出去寻求千里马。君王派他去了。侍臣找了3个月，终于找到了线索，可到地方一看，马已经死了。侍臣拿500两黄金买回了那匹千里马的头骨，返回来交给了君王。君王非常生气："我要的是活马，要死马做什么？还用了500两黄金！"侍臣回答说："您连死马都肯花五百金买下来，何况活马呢？消息传出去，大家必定认为大王是懂得买马的识货行家，很快就会有人把千里马给你牵来。"果然，不到一年时间，就有好几匹千里马送到了君王手中。

“

涓人这样的行为要是放在今天反腐倡廉的采购制度下是很值得怀疑的。企图用五百金买马首来证明君王愿出千金买千里马固然是一种聪明，但也有可能聪明反被聪明误。试想一下，凭一个马首能判断出它是千里马吗？如果不能判断，那么是否意味着可以拿任意一个马首来充数？若只是马首就能值五百金，就会有很多人耍小聪明，以马首来换钱。而一匹活马是不是千里马还可以通过测试来判断，马首又怎能看出它是否是千里马呢？为了继续维持“死马且买之五百金，况生马乎”这样的诺言，君王也不得不照单收下这之后的马首。随便一颗马头便能得五百金，还有人真正愿意供出千里马而只能得到千金吗？

涓人此举旨在彰显君王不惜重金纳贤，但也要当心来投者良莠不齐。滥竽充数的故事我们不是读过了吗？千金买马首的初衷当然好，但会不会招致更多的南郭先生？难说。

”

呆若木鸡

《庄子》

纪渻子为王养斗鸡。

十日而问：『鸡已乎？』曰：『未也，方虚憍而恃气。』

十日又问，曰：『未也，犹应向景。』

十日又问，曰：『未也，犹疾视而盛气。』

十日又问，曰：『几矣。鸡虽有鸣者，已无变矣，望之似木鸡矣，其德全矣，异鸡无敢应者，反走矣。』

纪渻先生替周宣王养斗鸡。十天后，周宣王问：“鸡训练好了吗？”他说：“没有，正在凭一股血气而骄傲。”十天后王又问：“鸡训练好了吗？”他说：“没有，仍然对其他鸡啼叫和接近有反应。”十天后王又问：“鸡训练好了吗？”他说：“没有，仍然气势汹汹地看着对方。”再十天后王又问：“鸡训练好了吗？”他说：“差不多了，现在即使其他鸡啼叫，它也没有反应了。看它，好像木头鸡一样，精神全部收敛，别的鸡没有敢应战的，转身逃跑了。”

“

庄周先生是很欣赏纪渻先生的，认为他训练出来的呆若木鸡的斗鸡才是斗鸡中的战斗机。斗鸡应该怎么训我不知道，但是后来，纪渻先生这一套被搬来训人，于是中国人都被训得千篇一律地呆若木鸡，没有血性，也没有个性。庄周先生是活泼泼的一个人，他应该后悔讲了这么一个寓言，不幸成了预言。顺便说一声：那些别的鸡见了纪先生的“木鸡”都不敢应战，转身逃跑，这是对的，因为你已经不是鸡了，还怎么跟你斗？

”

海鸟之死

《庄子》

昔者海鸟止于鲁郊，鲁侯御而觞之于庙，奏《九韶》以为乐，具太牢以为膳。

鸟乃眩视忧悲，不敢食一脔，不敢饮一杯，三日而死。

此以己养养鸟也，非以鸟养养鸟也。

从前有一只海鸟停栖在鲁国的郊外，鲁国的国君把它迎进太庙里去，献酒给它喝，奏古代最高雅的音乐《九韶》之曲给它听，供上牛羊猪肉给它吃。

但是海鸟却目光昏眩，内心忧愁悲伤，不敢吃一块肉，也不敢喝一杯酒，过了三天就一命呜呼了。

这是用供养自己的方法来养鸟，而不是用养鸟的方法来养鸟呀。

“

我看到宠物店里那些穿着漂亮衣服的宠物被主人百般呵护地抱去打针挂盐水，每每会联想到这则寓言。乡下田畈里跑着的猫儿狗儿，吃得自然比不上宠物猫、宠物狗们，但它们不必被关在斗室里甚至笼箱里豢养，它们可以自由地生活在天地间，尽享着自然，它们的体质、它们的生命力也比那些宠物猫、宠物狗们要强上百倍。有时候，真难说清，到底是宠物们幸福还是它们幸福？

宠物毕竟是畜生，庄子的寓言也不是教我们如何对待动物。那么人呢？如何对待人呢？

我想起了管理学上著名的彼得原理：在各种组织中，由于习惯对于在某个等级上称职的人员进行晋升提拔，因而雇员总是趋向于晋升到其不称职的地位。

彼得原理所指的现象在现实生活中无处不在：一名称职的教授被提升为大学校长后，却根本无法胜任；一个优秀的运动员被提升为主管体育的官员，也可能无所作为。用人的领导不能说他不爱才，就像那个鲁侯，不能说他不爱鸟；可那些未能被因材施用的人，却像那只被供起来的海鸟一样，根本不知道他们的专职何在，因而也就不能尽到工作上的职责。好在他们不会像那只海鸟一样一命呜呼，很多人甚至还很懵懂地享受着；他们也很少有那只海鸟一般的自知之明，他们大多是志得意满，认为自己很适应这个位置呢。

对一个组织而言，一旦组织中的相当部分人员被推到了其不称职的级别，就会造成组织的人浮于事、效率低下，导致平庸者出人头地、发展停滞。

因此，求求你们，不要把海鸟供起来了。

”

汉阴丈人

《庄子》

子贡南游于楚，反于晋，过汉阴，见一丈人将为圃畦，凿隧而如井，抱瓮而出灌，然用力甚多而见功寡。子贡曰：『有械而出灌，一日浸百畦，用力甚寡而见功多，夫子不欲乎？』为圃者仰而视之曰：『奈何？』曰：『凿木为机，后重前轻，挈水若抽，数如溢汤，其名为槔。』为圃者忿然作色而笑曰：『吾闻之吾师，有机械者必有机事，有机事者必有机心。机心存于胸中，则纯白不备，则神生不定；神生不定者，道之所不载也。吾非不知，羞而不为也。』

孔子的弟子子贡在南方的楚国游历，返回晋国时，路过汉阴，见一位老丈在菜园子劳作，他挖了一条地道通向一口井，然后抱着一个坛子去井里取水浇灌菜园，然而花费的力气很多而成效甚少。子贡对他说；“有一种机械可以用来灌溉，一天可以浇灌一百块菜地，花费的力气很小而成效很大，您老人家不愿意用吗？”种菜的老丈仰头看着他说道：“怎么说？”子贡说：“用木头做一个机器，后重前轻，提水就像抽水一样，几下就能使水像汤溢出来那样多，这种机器的名字叫作槔。”种菜的老丈愤然变色却仍笑着说：“我听我的老师说，有机械必然有投机取巧的事，有投机取巧的事必然有投机取巧的心。投机取巧的念头存于胸中，就不纯洁了，不纯洁就会心神不定；心神不定的人，是不能得道的。我不是不知道这种机器，是羞于用它而不用啊。”

“

鸣呼，以中国五千年文明却在现代科技史上乏善可陈，说来说去就那么“四大发明”，连第五大都找不出来，汉阴丈人是有责任的！

中国的知识分子重名教、重学理，却轻技巧、轻技术。科学一说是向来不昌明的。从前，都把这个怪罪到统治中国知识分子正统思想的儒家头上，但儒家的先贤中偏偏出了子贡这么对科技感兴趣的人士，倒是老庄门徒借汉阴丈人之口对他冷嘲热讽，真说不清谁是谁非。

好在今天这种汉阴丈人毕竟是老古董，越来越少了。

”

匠石运斤

《庄子》

庄子送葬，过惠子之墓，顾谓从者曰：『郢人垩慢其鼻端，若蝇翼，使匠石斫之。匠石运斤成风，听而斫之，尽垩而鼻不伤，郢人立不失容。宋元君闻之，召匠石曰：「尝试为寡人为之。」匠石曰：「臣则尝能斫之。虽然，臣之质死久矣。」自夫子之死也，吾无以为质矣！吾无与言之矣！』

庄子送葬，经过惠施的墓旁。回过头来对随从的人说：“郢人的鼻端沾染上了一点白粉，像蝇子的翅膀那样大小，他让石匠用斧头把鼻端的白粉砍掉。匠石挥动斧头，呼呼生风，漫不经心却又轻而易举地砍掉了它，白粉完全砍去而鼻子却不受一点伤害。郢人站在那里安然没有失去常态。宋元君听说这件事情，把匠石找来对他说：‘请你试着为我表演一次。’匠石说：‘我曾经能够砍掉鼻端白粉，虽然如此，但我的施技之人已经死去很久了。’自从惠施先生死去之后，我没有施技之人了！我没有可以与之谈话的人了！”

“

曾有伯牙绝琴，又有匠石运斤，讲的都是一个“相辅相成”。匠石对于自己不能再次做到挥斧砍白粉的解释是因为没有施技之人了。说得虽在理，但其实也十分行不通。匠石和郢人，放在今天，例如医生与患者，老师与学生，甚至政府与百姓。有那么多的患者都不能做到完全信赖医生，可医生每次都束手无策，只能任其自生自灭吗？不是的。因为医生除了自身医术这个既定现实以外，还兼备安抚患者，用事实规劝患者的能力。如此多的学生顽皮捣蛋，老师又是否放任他们，以一句“他们不是我的施技之人”就敷衍过去了呢？也不是。一个合格的老师不会放弃任何一个学生，而事实上有好多调皮的“坏孩子”改头换面，多年以后走上不一样的人生道路都会感激那个当初耐心教育他们的恩师。百姓也总不能做到无理由地支持政府的每一个决策，那么政府对此束手无策吗？更不是。政府需要用事实来证明自己值得百姓的信任，值得人民的支持，而匠石呢？他在技艺的方面固然是有本领的，但为什么换一个施技之人他就没法做到了呢？

”

坎井之蛙

《庄子》

坎井之蛙谓东海之鳖曰：『吾乐与！出跳梁乎井干之上，入休乎缺甃之崖，赴水则接腋持颐，蹶泥则没足灭跗，还虷蟹与科斗，莫吾能若也。且夫擅一壑之水而跨跱坎井之乐，此亦至矣！夫子奚不时来入观乎？』东海之鳖左足未入，而右膝已絷矣。

坎井里的青蛙对东海来的鳖说：“我多快活啊！我出来么就在井栏上蹦蹦跳跳，进去呢就在井壁的窟窿里休息。凫在水里，水挨着我的腋窝，托住我的下巴；踩在泥里，泥就蒙住我的脚背。瞧那些螃蟹啊、蝌蚪啊，哪个比得上我呀！再说我独享着这么一洼水而且自由支配着整个坎井的乐处，这快活也算是到顶啦！你怎么不进来看看呢？”东海来的鳖左脚还没有跨进而右脚已经被绊住了。

厲害了
我的哥

“

庄子的这则寓言对青蛙的名誉是个致命的诋毁，从此井底之蛙成了这类动物的标签。其实，每个人生活的天地不同，底层人物或者动物能够随遇而安自得其乐，倒是求之不得的，为啥偏要发明“井底之蛙”这么个污蔑性的称呼去破坏他们的幸福感呢？

再说了，这个世界，都是由无数的相对组成的。我看你是坎井之蛙，你看我也是坎井之蛙，每个人都在某种意义上是坎井之蛙。撇开这不说，有人认为，要跟比你好的人比，才能有动力去变好。但是，若这坎井之蛙去了东海，它能适应吗？海里的那些螃蟹还能给他自信吗？东海里的暗涌，比这坎井的缓缓流水更令人安逸吗？这些问题的答案想必都是“不”吧。并不是好的东西都是对你好的，适合的才是能让你满怀感恩，去珍惜的。

我们生活的世界是多样化的，你可以努力去拼搏，让自己变得更好，融入更好的圈子；你也可以做那“坎井之蛙”，享受现在拥有的快乐——这并不丢人，为此嘲笑你的人，在不嘲笑你的人或欣赏你的人看来，亦是井底之蛙罢了。不然为何人们到达了一定的境界拥有一定的地位后又想要放慢生活节奏了呢，此中原因，尽是一个“知足”，一个“找到自己的人生定位”可道。

”

良马之败

《庄子》

东野稷以御见庄公，进退中绳，左右旋中规。庄公以为文弗过也，使之钩百而反。颜阖遇之，入见曰：『稷之马将败。』公密而不应。少焉，果败而反。公曰：『子何以知之？』曰：『其马力竭矣，而犹求焉，故曰败。』

东野稷凭驾驭马车的技术向庄公自荐，他驾驶马车前进、后退时，车轮在地上压出的痕迹都像绳子一样笔直，左右兜圈子跑得像圆规画出来的一样圆。庄公以为《诗经》上所谓的“执辔如组”也不过如此，就让他来往旋回，跑一百趟再回来。颜阖看到这个情形，就进见庄公上奏道：“东野稷的马快完了。”庄公沉默没有回答。不久，东野稷的马果然累坏而返回了。这时，庄公便问颜阖说：“你怎么知道他会失败？”颜阖说：“他的马力气已经耗尽，还要逼着它跑个不停，所以说它一定会完蛋的。”

“

颜阖是个聪明人，知道凡事都有一个极限，但问题是这个极限在哪里呢？总有人会认为在某一个节点你会输，但是不试试怎么知道到哪个程度你自己会输呢？如果马只跑过一圈，有人说它在第二圈会倒下，是否能肯定它在第三圈不能坚持下去呢？第十圈，第一百圈，第一千圈，亦是如此。

如果在听到有人说你会输的时候默认自己真的会输，那永远都不能知道你会赢。把力气用完，那不是强行求全，而是在努力去突破底线。除了你自己，永远没有人能知道在什么时候你的力气会用完。

所以，颜阖确实很聪明，但作为你，大可不必去理会他的聪明。

”

林回弃璧

《庄子》

子独不闻假人之亡与？林回弃千金之璧，负赤子而趋。或曰：『为其布与？赤子之布寡矣；为其累与？赤子之累多矣。弃千金之璧，负赤子而趋，何也？』林回曰：『彼以利合，此以天属也。』

林回是假国的一位财主，他曾经有一块价值连城的玉璧。假国被晋国灭亡时，林回和大家一起逃难，晋兵追得很紧，别人都抛弃了其他家什只带着一些珠宝逃命。只有林回丢弃了价值连城的玉璧，背着一个婴儿疾奔。有人问他：“你这是为何呢？如果是为了价值，婴儿的价值很少，累赘却很多。为什么在逃难时却要丢弃玉璧，背负婴儿呢？”林回毫不犹豫地回答说：“我和玉璧的关系只是利，而我和婴儿却是血脉相连。”

“

救婴儿就一定得丢弃玉璧吗？林回似乎是想强调自己与婴儿血脉相连的关系，却不幸把自己弄进了一个鱼与熊掌不可皆得的二元选择中。在我看来，这是完全没有必要的：他可以怀揣玉璧背负婴儿逃命，再不济也可以将玉璧先埋藏起来。丢弃了玉璧，身无分文的林回，又怎么哺育、抚养这个婴儿？所以，玉璧与婴儿，事实上并不构成两者只能选一的关系。在大多数时候，我们陷入二元论只是因为自己内心的执迷，佛教讲“不生不死、不垢不净、不增不减”，就是要我们破除非好即坏、非此即彼的二元执着。为什么我们还要人为地去制造这种二元选择呢？又不是拍影视剧要制造戏剧冲突。

”

曲辕之栎

《庄子》

匠石之齐，至乎曲辕，见栎社树。其大蔽数千牛，絜之百围；其高临山十仞而后有枝，其可以为舟者旁十数。观者如市，匠伯不顾，遂行不辍。弟子厌观之，走及匠石，曰：『自吾执斧斤以随夫子，未尝见材如此其美也。先生不肯视，行不辍，何邪？』曰：『已矣，勿言之矣！散木也。以为舟则沉，以为棺椁则速腐，以为器则速毁，以为门户则液樠，以为柱则蠹。是不材之木也，无所可用，故能若是之寿。』

有个姓石的木匠到齐国去，来到曲辕这个地方，看到土神庙旁有一棵栎树。它的树荫大得可以遮阴几千头牛，树干粗得要一百人才能围抱；它的高度更是夸张，比山高出十仞的部位才开始长出枝杈，它可以做船将近十几条。来看这棵树的人就像赶集的人一样多，可这位木匠师傅却不回头看它一眼，继续赶路不停下来。他的弟子看了个饱，赶上石木匠后，说道：“自从我拿起斧头跟随师傅以来，还没见过这么好的木材。师傅却不愿看它，顾自走路不停，为什么？”师傅答道：“算了吧，别说它了！这是一种疏松的木头。用来做船会沉，用来做棺材会很快腐烂，用来做器具会很快损坏，用来做门会流树汁，用来做柱子会被虫蛀。这树是不能做东西的木头，毫无用处，所以才能有这么长的寿命。”

“

一棵被石木匠贬得一文不值、毫无用处的树真的就能长得这么高大？不是说木秀于林风必摧之吗？它长得比山都高了，按石木匠的说法，又是木质疏松的，为什么它就能不被风吹倒呢？必定有它的道理。

听到很多自我感觉怀才不遇的人抱怨自己的上司一点本领都没有，但反过来请你想想：他为什么就能爬得这么高做你的上司呢？说明他至少还是有本领的，就像这棵栎树长得这么高，虽说在木匠眼里它一无是处，但风却吹它不倒。存在就是合理嘛。

”

深渊得珠

《庄子》

河上有家贫恃纬萧而食者，其子没于渊，得千金之珠。其父谓其子曰：『取石来锻之！夫千金之珠，必在九重之渊而骊龙颔下，子能得珠者，必遭其睡也。使骊龙而寤，子尚奚微之有哉！』

河的上游有一户家境贫寒靠编制芦席为生的人家，他们家的儿子潜入深渊中，捞得一颗价值千金的珍珠。他的父亲却对儿子说：“拿石头来砸碎它！这么难得的珠子，肯定是在万丈深渊下黑龙的下巴下面的，你能得到这珠子，肯定是遇上它睡着了啊。假使那黑龙是醒的，你哪里还会有命啊！”

“

嘻！这户人家将要贫困到底那是注定的了！

给了他们这么好一次翻身的机会，将千金之珠变卖足可以“改革开放富起来”了，他们却不珍惜，非但不珍惜还硬生生将这机会毁掉了！看看我们的老祖宗，多么的安于现状，多么的害怕改变，多么的不会抓住机遇！

这颗珠子如果真像寓言中那个父亲所说，是由黑龙保管的而且恰巧它打了个盹，那么我们为什么不把这种“恰巧”看作是老天开眼对你的特别垂青呢？它毕竟是儿子冒着生命危险得到的，为什么要因为害怕黑龙而将它悄悄砸碎呢？

退一万步讲，砸碎了它就不怕黑龙报复了吗？我若是那黑龙，必定更加龙颜大怒。

哎！现实生活中，有多少人因为害怕改变而将机会白白毁掉了。

”

宋人卖药

《庄子》

宋人有善为不龟手之药者，世世以洴澼絖为事。客闻之，请买其方百金。聚族而谋曰：『我世世为洴澼絖，不过数金。今一朝而鬻技百金，请与之。』客得之，以说吴王。越有难，吴王使之将。冬与越人水战，大败越人，裂地而封之。能不龟手一也，或以封，或不免于洴澼絖，则所用之异也。

宋国有个人世世代代以漂洗织物为业，由于职业的关系，他很善于制作一种使手不皲裂的药。有一个外地商人听说了这件事，请求用一百两银子买这个药方。这个宋人召集家族的人商量道："我们家世世代代做漂洗生意，不过挣了几两银子。现在卖药方一下子可以得到一百两银子，还有什么好犹豫的，让我们卖给他吧。"外地商人得到了这个药方，来到吴王那儿游说推荐。正好吴越之间有边患，越国对吴国发难用兵，吴王就派这个外地商人当了统兵将领。冬天，他率军跟越国人水战，因为有了这个能使手不皲裂的药方，他的军队战斗力大增，大败越国。吴王论功行赏，划出土地作了他的封邑。

可以治疗皲裂的药方同样就一个，有的用它得到了封地，有的只用它使自己不再终生从事漂洗，那是因为用的地方不同啊。

“

这种事情在当今社会中碰到的恐怕更多了。所谓仁者见仁，智者见智。庄子是以智者的眼光感叹那个宋人没有好好利用祖传的宝贝药方，可惜啊可惜！但反过头来想一想，这个宋人既然世世代代在宋国从事着漂洗工作，说明他是个安安分分不会到处跑的人，所以他本人也就不可能去吴国“发扬光大”他的神奇药方，换句话说，药方在他手上始终只能造福他们一家少数的几个人。而那个“客”，看来就是春秋战国那种云游四方、合纵连横的策士，只有这种人才能让药方发挥更大的作用，造福更多的人。所以，用仁者的眼光看来，这桩买卖已经是“双赢”了，没有什么好可惜的。庄子的智慧唤醒的只能是宋人的后悔和贪欲，也未必是好事。

”

螳臂当车

《庄子》

齐庄公出猎，有一虫举足将搏其轮。问其御曰：『此何虫也？』对曰：『此所谓螳螂者也。其为虫也，知进而不知却，不量力而轻敌。』庄公曰：『此为人，而必为天下勇武矣！』回车而避之，而勇士归之。

齐庄公出门去打猎，路上被一只螳螂挡住了道路，那只螳螂举起脚，似乎是准备和他的马车车轮子搏斗呢。庄公问他的车夫说："这是什么虫啊？"车夫回答："这是螳螂。作为虫来说，它是那种只知道进不知道退的，也不估量一下自己的实力就轻率地和敌人对阵。"庄公叹息着说："这虫子要是人的话，必定是天下的勇士啊。"于是让车绕道避开了它。天下勇武之人听到这个故事后，都来投奔了庄公。

“

中国的成语演变到后来，有很多都跟从前的意思相左了，比如这个“螳臂当车”的成语，现在的意思更多的是指不自量力，而从文章中看，齐庄公其实还是很尊敬这只勇敢的螳螂的。同样的故事据说也发生在春秋末年的越王勾践身上。春秋时期，吴王夫差打败了越王勾践，囚禁了他三年时间，后来放他回国。越王勾践为了复仇，卧薪尝胆，经常鼓舞士气。一次他看到一只身体鼓足气仿佛生气模样的青蛙挡在路中央，立即停车让道向这只怒蛙表示敬意。侍者问为什么，勾践说青蛙有勇气，值得敬佩，所以要向怒蛙作揖致敬。越国的人听说后，纷纷想成为勇士。从值得尊敬到被人笑话，现代人和古代人的思维真的是不可同日而语了，“春秋高义”当然已经不能为今天的人所理解，对青蛙、螳螂之类弱小的生灵，人类已经傲慢到再也不能从它们身上发现可贵的品质了。即使是同为人类，弱小者也得不到应有的尊重和平等的待遇，这究竟是一种进步还是一种退步？

”

一狙搏矢

《庄子》

吴王浮于江，登乎狙之山。众狙见之，恂然弃而走，逃于深蓁。有一狙焉，委蛇攫搔，见巧乎王。王射之，敏给搏捷矢。王命相者趋射之，狙执死。

吴王乘船在江上，登上了一座猴山。众猴子见了，都胆小地四下逃窜，躲进荆棘丛中。唯独有一只猴子，却从容不迫地跃来跃去，歪歪斜斜地抓耳挠腮，故意在吴王面前显示灵巧卖弄本事。吴王就拿起弓箭射它，这只猴子居然敏捷地将箭接住了。吴王命令侍从过去一齐射它，这只猴子就被射中死了。

“

读这则寓言我总有些替这只猴子鸣不平。这只猴子实在是很有些本领的，居然能够只手接住吴王射来的箭。只是吴王气量太小，让它成了众矢之的，终于被射中死了。中国的文化是不大推崇个人英雄主义的，你要逞个人英雄主义，就让你成众矢之的。再厉害的英雄也挡不住万箭齐发的“群众力量”。平庸对优秀的谋杀，在历史上不断上演，该怪这只猴子呢还是怪自己没本事、只会发动群众的吴王？

当然了，故事的原意是：就像“好奇害死猫”一样，“傲气害死猴”。然而，像这么一只有本领的猴子，为什么我们的文化就容不得它有一分傲气呢？

”

望洋兴叹

《庄子》

秋水时至，百川灌河，泾流之大，两涘渚崖之间，不辨牛马。于是焉河伯欣然自喜，以天下之美为尽在己。顺流而东行，至于北海，东面而视，不见水端。于是焉河伯始旋其面目，望洋向若而叹曰：『野语有之曰：「闻道百，以为莫己若」者，我之谓也。……吾非至于子之门，则殆矣。吾长见笑于大方之家。』

秋水按时来到，大沟小川的流水都注入了黄河。黄河水面的宽阔连两边岸上和沙洲，高地一带的牛马也分辨不出来。于是乎，黄河之神河伯洋洋自得起来，以为天下最伟大最壮观的，就数自己了。河伯顺着流水向东游行，一直走到北海，向东一望，看不见海水的边际。于是乎，河伯这才改变了他的骄傲面容，仰望着大海，向海神“若”感叹地说：“俗话说：‘只听到万分之一的道理，就以为没有能够赶上自己的人’，这正是说的我呀！……我要不到你这里来看一看，就完了！我将永远受到有见识的人的耻笑！”

“

不知天高地厚当然是要被人耻笑的，但是，如果仅凭着体量的大小而忽视了百川归海的事实，忽视了“小”的力量那更是忘本的做法，更是要被耻笑的。河伯被人耻笑的不仅是他的盲目自大，而是他忘记了自己的“大”是由“百川灌河”而来的，当你仅仅是河流时，说得好像你不曾是那一滴水似的；当你汇入了大海后，那骄傲的面目又好像你不曾是那一滴滴水汇成的河流似的。同样道理，如果东海仅仅因为黄河的体量不如自己而骄傲，那么，东海也是要被人耻笑的。山外有山，天外有天，这是谁也逃不掉的法则。而不积小流，无以成大海；不积跬步，无以至千里，更是一切伟大的基础。只有这样的认识，才能让我们虚怀若谷。

河伯还是没有找准他的毛病呀！

”